O que nos adoece...
e o que nos torna sadios

ANSELM GRÜN
WUNIBALD MÜLLER

O que nos adoece... e o que nos torna sadios

EDITORA
IDEIAS&
LETRAS

Direção Editorial:
Carlos Silva
Ferdinando Mancílio

Comissão Editorial:
Avelino Grassi
Roberto Girola

Tradução:
Inês Antonia Lohbauer

Copidesque:
Leila Cristina Dinis Fernandes

Revisão:
Ana Lúcia de Castro Leite

Diagramação:
Simone A. Ramos de Godoy

Capa:
Márcio Mathídios

Título original: Was Macht Menschen Krank, was Macht sie Gesund?© Vier-Türme GmbH – Verlag – Münsterschwarzach, 2004

ISBN 3-87868-152-6
ISSN 0171-6360

6ª reimpressão

EDITORA IDEIAS& LETRAS

Rua Barão de Itapetininga, 274
República - São Paulo/SP
Cep: 01042-000 – (11) 3862-4831
Televendas: 0800 777 6004
vendas@ideiaseletras.com.br
www.ideiaseletras.com.br

Dados Internacionais de Catalogação na Publicação (CIP)
(Câmara Brasileira do Livro, SP, Brasil)

O que nos adoece: e o que nos torna sadios / Anselm Grün, Wunibald Müller; (tradução Inês Antonia Lohbauer). – Aparecida, SP: Ideias & Letras, 2006. (Coleção Mais Vida)

Título original: *Was Macht Menschen Krank, Was Macht Sie Gesund?*
ISBN 85-98239-57-7

1. Conduta de vida 2. Cura pela fé 3. Espiritualidade 4. Medicina holística 5. Saúde – Promoção I. Müller, Wunibald. II. Título. III. Série.

06-0539 CDD-234.131

Índices para catálogo sistemático:

1. Cura pela fé: Saúde holística: Cristianismo 234.131
2. Salutogênese: Cura holística: Cristianismo 234.131

Sumário

Prefácio

Se formos honestos, saberemos muito bem o que nos adoece e o que nos torna sadios em nossa vida pessoal. Se quisermos ter um estilo de vida que nos mantenha sadios, precisamos parar de fumar, moderar o consumo de álcool, ter uma alimentação saudável, dormir o suficiente e praticar uma atividade física regularmente. Sabemos disso, mas em geral não o fazemos. A leitura dos textos que se seguem provavelmente não mudará nada. Pode ser que o leitor ou a leitora tenha sua atenção despertada por alguma coisa em um ou outro trecho, que o/a faça aguçar o ouvido, pois percebe que ali diz algo a respeito de sua vida e também de seu próprio sofrimento.

Mesmo que o título do livro seja "o que nos adoece... e o que nos torna sadios", os autores querem, sobretudo, mostrar o que mantém as pessoas sãs, ou o que as torna sadias. Assim, lançam mão das novas tendências das ciências da saúde, que perguntam o que torna as pessoas sadias, ao invés de perguntar o que as adoece. O novo conceito chama-se salutogênese, e trata da cura holística do ser humano.

Em seu artigo, Christoph Jacobs apresenta-nos algumas reflexões, que pretendem ajudar-nos a definir essa nova forma de visão da saúde holística. Ele também se preocupa em atrair nosso olhar ao potencial de crescimento que, nesse tipo de visão, pode ser usado para a promoção do desenvolvimento pessoal e da alegria de viver. Diversamente dos princípios tradicionais da medicina e da psicoterapia, que partiam do ponto fraco ou deficitário da pessoa, agora suas forças e seus potenciais de crescimento passam para o primeiro plano.

Em seu texto, Anselm Grün discorre sobre essa mudança de perspectiva, mostrando como é importante ver e valorizar as possibilidades de crescimento existentes no enfrentamento de nossas mágoas, em sua elaboração e finalmente na reconciliação. Ficar girando ao redor de nossas mágoas, remoê-las, é algo que não nos leva a nada e apenas nos adoece; quando isso é superado, nossas mágoas transformam-se em pérolas e podem proporcionar-nos uma nova qualidade de saúde.

No sentido de um princípio holístico, no conceito da salutogênese, discorre-se também sobre o significado da dimensão espiritual. Ao mesmo tempo, os psicoterapeutas também defendem a inclusão do espaço da consciência transpessoal, no contexto de um tratamento terapêutico holístico. Para alguns médicos, a fé é um remédio eficaz. Muitas vezes eles observaram, no tratamento de pacientes, a força com que a fé e a viva convicção religiosa podem contribuir para que alguém permaneça sadio, recupere-se de uma doença ou consiga lidar com ela.

Em meu texto sobre as características de uma espiritualidade terrena, tento mostrar qual é o aspecto de uma convicção religiosa viva como essa e quais os pressupostos necessários para ela. Como uma árvore, que só consegue estender amplamente seus galhos em direção ao céu quando está fortemente enraizada na terra, uma espiritualidade terrena, que nos torne sadios, deve estar interligada com tudo o que é importante para nossa humanidade.

Desejo ao leitor e à leitora que encontrem nos textos a seguir um incentivo que os ajude no fortalecimento daquelas facetas de suas vidas que contribuem para sua saúde. Para isso, devemos considerar o que Meinrad Dufner formula do seguinte modo, em seus impulsos medidativos: "Só quem já passou pela experiência sabe dessas coisas".

Wunibald Müller

Só quem já passou pela experiência sabe dessas coisas

Só quem já passou pela experiência sabe dessas coisas.
Eu não tenho um corpo, eu sou meu corpo.

Seria uma ofensa – uma ofensa permanente
– se eu não
pudesse aceitar alguma coisa em minhas pernas ou em
minhas orelhas, ou qualquer outra coisa em meu corpo.

"Eu sou belo!"
Essa é uma frase tão natural quanto emocionante.

Meu corpo é a memória de minhas experiências.
Continuamente o verbo se faz carne.

Meinrad Dufner

A espiritualidade é como uma árvore, enraizada no solo e estendida ao céu

Wunibald Müller

Na imagem da árvore, reflete-se uma espiritualidade que se dirige ao alto a partir da situação terrena, ligada à terra. Uma espiritualidade como essa assegura as forças de crescimento inerentes a nós. Ela promove a vida. Ela garante que as forças em nós, que nos querem transformar naquele ou naquela que devemos ser, sejam mais fortes do que os impulsos destrutivos que também existem em nós. É uma espiritualidade que liga o céu à terra, que valoriza e utiliza igualmente a água e a seiva debaixo e o ar e a bênção de cima. Essa espiritualidade sabe que não consegue viver sem a terra, sem a força e a energia que vêm debaixo. Mas, ao mesmo tempo, ela precisa da força e da bênção de cima para se desenvolver completamente e, assim, contribuir com todo o nosso desenvolvimento. Nossa espiritualidade não consiste apenas em um embaixo e um em cima, ela não é dividida em um campo terreno e em outro supraterreno. Ela se mostra em nosso enraizamento na terra, em nosso corpo, em nossa irradiação, na capacidade de nos aceitarmos, em nossos relacionamentos e em nossa abertura para o céu. Uma espiritualidade como essa leva a sério o que Johann Peter Hebel diz:

Somos plantas que – queiramos ou não –
precisam subir à superfície da terra, partindo
de suas raízes, para florescer no éter
e poder produzir frutos.

É importante que uma espiritualidade como essa seja incluída em todos os âmbitos de nossa vida. Ela não limita a atividade de Deus à esfera do assim chamado sagrado, entendida principalmente como orar, ministrar e receber sacramentos ou outras atividades relacionadas à Igreja. Ela compreende todos os aspectos do mundo e de nosso ser, como uma arena para a ação de Deus. Ela é integrada ao concerto de toda a nossa vida, relaciona-se a nosso corpo, nossa psique, nossa alma, influencia nossos relacionamentos humanos e contribui para um relacionamento nosso com Deus, que vem de nossas profundezas.

Assim, entendo em primeiro lugar a espiritualidade como uma dimensão mais profunda dos seres humanos, e que existe em todo ser humano, independentemente de sua ligação com uma comunidade ou com uma crença religiosa. O efeito decorrente dessa espiritualidade mostra-se de forma positiva sobre a saúde de nossa alma e a superação das experiências limítrofes de nossa vida, quando se trata de uma espiritualidade sadia, baseada na terra, que efetivamente atua em nossa vida porque está ligada a ela.

Para algumas pessoas é importante, em primeiro lugar, na busca por uma espiritualidade sadia e baseada na terra, desligar-se de uma crença, de uma igreja, de uma comunidade que não foram vivenciadas como estimulantes para essa espiritualidade sadia e que, além disso, contribuíram para a atrofia de suas almas, negando a alimentação espiritual de que realmente precisavam. Por outro lado, parece-me necessário que aqueles que se desligaram de uma espiritualidade que os prejudicou busquem uma espiritualidade que os alimente. Uma espiritualidade sadia é muito importante para nossa vida e para uma existência humana feliz. Nesse sentido também podemos entender o que diz o psicólogo C. G. Jung:

> Dentre todos os meus pacientes que já passaram da metade da vida, ou seja, que têm mais de 35 anos de idade, não há um único, cujo problema definitivo não derive de sua postura religiosa. Sim, em última instância, cada um deles lamenta ter perdido o que as religiões vivas ofereceram em todos os tempos a seus fiéis, e nenhum se curou realmente sem antes conseguir refazer sua postura religiosa, o que naturalmente não tem nada a ver com confissão ou adesão a uma igreja.[1]

Uma espiritualidade que valoriza nosso corpo e suas necessidades

Afirmar-me como pessoa integral, com corpo e alma

O Salmo 1 diz o seguinte:

> Aquele que segue a lei do Senhor
> é como uma árvore
> plantada nos regatos,
> que dá frutos no tempo certo,
> e suas folhas não murcham;
> e aquilo que ele faz, é bem-sucedido.

Uma espiritualidade baseada na terra deve ser direcionada à pessoa como um todo; ela então pode aprumar-se, quando plantada junto aos regatos, enraizada na terra, inserida na criação. Uma espiritualidade que ignora o corpo, que acredita poder viver sem uma ligação com o corpo, corre o risco de flutuar no vácuo.

Alguns tentam alcançar o céu, a esfera celeste, passando por cima da condição humana. Eles fazem de conta que ela não existe. Isso inclui o corpo deles. Sua espiritualidade é separada de sua condição humana, ou seja, de sua humanidade. Ela é sem-corpo (em alemão, *leib-los*) e assim se torna sem-vida (*leb-los*). Essas pessoas agem como se já estivessem no céu, acima da realidade humana, em pé de igualdade com os anjos. Mas, a longo prazo, uma espiritualidade desse tipo é insuportável e, em última análise, falsa, mesmo porque ainda não estamos no céu e nossa condição humana e nossas insuficiências sempre voltam a se manifestar. Uma postura desse tipo leva à divisão entre terra e céu, entre condição terrena, humana, e campo supraterreno, celeste.

Mas quando afirmo meu corpo, quando aceito as forças e as seivas vitais que Deus me deu, sou como uma árvore plantada no regato, e que produz seu fruto no tempo certo. Quando cultivo uma espiritualidade baseada na terra e vivo realmente de minha relação com Deus, mostro isso também em meu corpo, em minha postura, no modo como me movimento, em meus olhos. Além disso, isso se expressa naquilo que eu transmito, na forma como me apresento. Finalmente, isso se evidencia também em minha atitude em relação a meu corpo, a minha alimentação, a minha postura, e na forma como lido com minha sexualidade.

Consequências de uma espiritualidade baseada na terra, para o trato com nosso corpo

Uma espiritualidade baseada na terra contribui, inicialmente, para uma atitude positiva em relação a nosso corpo, ao lidarmos com ele afetuosa e atenciosamente. Ela está interessada em nossa saúde corporal e pretende contribuir para que permaneçamos sãos ou nos tornemos sadios novamente. Hoje, já sabemos que os processos decisivos que levam à morte de muitas pessoas são desencadeados por uma alimentação não saudável, pela poluição ambiental e pelo estresse, o que significa que devemos eliminar o tabagismo, lidar comedidamente com o álcool, manter uma alimentação saudável, dormir o suficiente e fazer exercícios regulares, orientados de acordo com nosso estado de saúde, como passear, caminhar, nadar e assim por diante.[2] Quem não leva isso a sério, como pessoa espiritualizada, deve perguntar a si mesmo quais seriam na verdade os valores que sua espiritualidade cultiva e promove.

Na Carta aos Coríntios (3,16), podemos ler: "Vocês não sabem que são o templo de Deus e que o espírito de Deus habita em vocês?" Nosso corpo pode ser comparado a um templo. É o recipiente de nossa sacralidade. Uma postura desse tipo em relação a nosso corpo pode contribuir para que nos imaginemos desejáveis, belos e dignos de amor. Podemos assimilar a alegria e o prazer derivados da experiência corporal, do toque e do estímulo, como experiências belas e positivas. Quando dizemos "sim" a nosso corpo, alegramo-nos com ele e sentimos gratidão, pelo fato de podermos senti-lo não só na dor, mas também usufruir dele na experiência do toque e do prazer. Alegramo-nos com isso e nos deixamos energizar para nossa vida, nosso amor e nossas ações. De acordo com o conceito do mestre da Igreja Santo Tomás de Aquino, a capacidade de ser receptivo ao prazer, produzido pelo toque, é uma virtude. Ele define como insensíveis aqueles que não são capazes disso.

Além disso, uma espiritualidade saudável produz uma postura positiva diante de nossos sentidos e de nossa sexualidade. Ela não se deixa abafar pelas outras coisas não tão importantes em nossa vida. Valorizar nossa sexualidade e encará-la como presente de Deus implica em se dispor a dar todos os passos necessários para o crescimento pessoal, até se tornar uma pessoa sexualmente madura. Isso vale tanto para aquele que pretende viver um relacionamento com um parceiro, como para a pessoa que quer viver solteira. No nível psíquico, isso significa encontrar uma sensação geral de estabilidade do próprio eu e da própria identidade. No nível social, a meta é o desenvolvimento psicossexual, isto é, tornar-se capaz de relacionamentos interpessoais íntimos e maduros. Do ponto de vista espiritual, trata-se de conseguir estabelecer uma relação profunda, íntima com Deus, para além de nosso eu.

Uma postura positiva para com nossa sexualidade também é o pressuposto para que ela possa ser usada como fonte de espiritualidade. "A sexualidade é a força mais fascinante que nos impulsiona para a vida e o amor, ela é a verdadeira fonte da espiritualidade", diz Anselm Grün.[3] Segundo o patriarca da Igreja Boaventura, Deus penetra em nossa vida através dos sentidos. Ele se aproxima de nós por nossos sentidos. Uma postura positiva diante de nossos sentidos e de nossa sexualidade pode possibilitar uma forma de encontro com Deus e nos transmitir uma experiência integral com Ele.

Quando rezamos o Salmo 63:

> Deus, és meu Deus.
> Desperto para ti;
> minha alma tem sede de ti;
> minha carne pede por ti;
> como a terra árida e seca,
> onde não há água.

quer dizer que o relacionamento com Deus também é algo sensorial, que tem a ver com paixão e deleite, algo que se pode vivenciar fisicamente, porém sabendo que não se trata apenas disso.

Enraizada no solo e estendida ao céu

Uma espiritualidade saudável não deixa de considerar nosso corpo e nossas necessidades mais vitais, incluindo nossa demanda por experiências sensoriais e sexuais. Ela dignifica nosso corpo e nossas necessidades vitais e está interessada e preocupada em promover uma boa relação com nosso corpo, com nossas necessidades e desejos sensoriais e sexuais, para que possamos crescer como uma árvore e estender nossos galhos em direção ao céu. Para que isso seja possível, precisamos ter bases firmes na terra, precisamos enfiar nossas raízes profundamente no solo, para buscar nele o alimento, a força, a seiva e a energia. O pressuposto para isso é que consigamos crescer e estender nossos galhos para cima.

O *Grounding* é um exercício de bioenergética. Esse exercício ajuda-nos a firmar nossa base no solo e a entrarmos em contato com a criação.

Exercício do Grounding

Fique de pé, ereto, e relaxe, até que seu corpo se sinta confortável e tranquilo. Solte os ombros e pernas e movimente-se um pouco no local em que estiver, até chegar a uma posição que lhe seja agradável. Feche os olhos e sinta-se como uma árvore que cresce acima do solo (pausa).

Você está concentrado na parte debaixo?

Imagine suas raízes alcançando as profundezas da terra, estendendo-se para baixo de seus pés (pausa de cerca de 10 segundos).

Erga os braços e imagine que eles são os galhos da árvore, e que você está ligado à terra como a própria árvore (pausa de cerca de 10 segundos).

Sinta a energia que flui das pontas de seus galhos para baixo, para dentro da terra, através de suas raízes (pausa de cerca de 20 segundos).

Uma espiritualidade que valoriza nossa psique

Vibrar no ritmo de nosso coração

Uma espiritualidade sadia contribui para que vibremos sempre no ritmo determinado por nosso coração. Assim nosso coração não precisa bater sempre apenas pelos outros. A constante dedicação aos outros pode levar-nos à falta de tempo para nós mesmos, para realizarmos atividades sem objetivos predeterminados; assim nós nos exaurimos, e com o tempo nosso trabalho e nossa dedicação não nos dão mais prazer, na verdade eles passam a nos entediar.

Uma espiritualidade sadia, com os pés na terra, contribui para que vibremos sempre no ritmo de nosso coração, pois ela sabe que a longo prazo ficaremos doentes se não o fizermos. Ela quer que usemos sempre nosso coração, amando sempre, dando-lhe o tempo necessário para elaborar o que vivenciamos no encontro com o outro, no confronto com nós mesmos. Uma espiritualidade sadia nos convida a permanecer sempre em nós mesmos. Ela leva a sério o que Bernardo de Claraval constatou num texto que enviou ao papa da época:

> Como é que você pode ser total e verdadeiramente um ser humano, se perdeu a si mesmo? ... Do que lhe serviria se você – de acordo com a palavra do Senhor – conquistasse todos, mas perdesse a si mesmo? Portanto, se todas as pessoas têm direito a você, então seja também uma pessoa que tem direito a si mesma. Por que afinal você não deveria também usufruir de si mesmo? Por quanto tempo ainda você será um espírito que parte e nunca mais volta para casa?

Uma espiritualidade sadia também nos estimula a dizer "não" em determinadas situações. Mas não se trata de um "não" comum, não se trata de evitar uma responsabilidade. Trata-se de saber quando um "não" é apropriado, ou até necessário, para nos protegermos, para o cuidado e a consideração com nós mesmos.

Todos nós precisamos de alimento para a alma

Uma espiritualidade sadia implica em termos compensações e tempo suficiente para passear, para cantar, para realizar atividades sem objetivos predeterminados. "Todos nós precisamos de alimento para a alma", disse C. G. Jung. "Não o encontramos nos bares, onde não podemos ver nenhuma relva verde, nenhuma árvore florida. Precisamos de uma relação constante com a natureza."[4] E Novalis diz: "Devemos sentir uma paisagem como se ela fosse uma espécie de magia". Um passeio pode me alimentar, pode fornecer alimento para minha alma.

> Caminho na montanha Schwanberg, perto de Kitzingen, chamada de montanha sagrada pelo povo, e mergulho em meus pensamentos. Noto o brejo, deixo meu olhar percorrer o bosque e meus pensamentos desviam-se constantemente por causa do forte aroma do feno recém-colhido. Abaixo-me em direção à terra, pego um feixe de feno e aspiro profundamente seu aroma. Sinto-me transportado ao tempo em que, ainda menino, me sentava sobre a carroça de feno. Olho em volta, para os campos, aspiro a paisagem. Sinto como ela me alimenta. Faz bem para mim relacionar-me tão conscientemente com a paisagem ao redor. Dela emana alguma coisa que me reconstrói, que me alimenta. É como no caso dos quadros, que

me reconfortam quando os contemplo. Eles tocam certas facetas em mim, provocam vibrações que contribuem para minha revitalização.

Brincar pode ser uma forma de alimentar a alma. Estabelece-se então uma nítida relação entre a capacidade de brincar e a saúde e o equilíbrio da alma. O ato de brincar implica em se fazer algo em favor da diversão. Do ponto de vista psicológico, o ato de brincar traz consigo um processo de renovação. A espiritualidade do ato de brincar lembra-nos que em todo dever e em toda obrigação ainda existe algo como "o ócio sagrado". Ele nos convida a não nos esquecer da criança que existe em nós, a não nos esquecer de assumir nosso lado infantil e brincalhão no dia a dia e em nossa vida. "Se não fores como as crianças, não entrareis no reino dos céus", diz o Novo Testamento. Enquanto nossos corações estiverem vivos e jovens, devemos de vez em quando fazer alguma coisa maluca. Se reprimirmos nossos corações, talvez nunca alcancemos a plenitude de nossa missão, e o que é pior, morreremos em vida. A senhora Wilkinson expressa isso, no texto seguinte, de uma forma bem simpática:

> Se pudesse recomeçar minha vida desde o início, eu tentaria cometer mais erros. Eu seria mais brincalhona, seria totalmente relaxada, só levaria a sério pouquíssimas coisas. Seria decididamente mais doida e menos certinha. Agarraria mais oportunidades e viajaria mais. Escalaria mais montanhas, atravessaria mais rios a nado e deixaria que mais alvoradas exercessem seu efeito em mim. Gastaria mais solas de sapato, comeria mais sorvete e menos feijão. Teria mais problemas verdadeiros e menos necessidades imaginárias. Como você deve ter notado, sou uma

daquelas que vive prudente, ponderada e saudavelmente, de hora em hora, dia após dia.

Bem, até tenho meus momentos de maluquice, mas se pudesse começar tudo de novo, teria muito mais momentos de maluquice – mais precisamente: os momentos transcorreriam um após o outro, não seriam planejados com dez anos de antecipação. Sabe, sou daquelas que carregam termômetro, bolsa de água quente, água para gargarejo, capa de chuva e paraquedas, para quaisquer eventualidades. Se eu tivesse uma segunda vida, deixaria tudo isso em casa.

Se pudesse recomeçar minha vida desde o início, eu andaria descalça logo cedo, nas manhãs frias de primavera, e diria finalmente: "Agora o outono acabou". Eu jogaria mais hóquei, e ninguém conseguiria tirar-me do carrossel.[5]

Pintar, escrever poesia, dançar ou tocar música podem ser uma importante alimentação para a alma. A arte alimenta a alma. A arte nos convida à interiorização. Ouvir música, contemplar uma pintura, observar um edifício arquitetonicamente interessante nos elevam acima da mesmice de uma vida diária direcionada ao desempenho, para nos mostrar um pedacinho da eternidade. Nossa alma se nutre com o olhar, com o devaneio interior. A interiorização pode passar à meditação. Admirar, ser tomado pelo encanto diante de um pôr do sol, maravilhar-se interiormente quando vivenciamos um momento importante podem ser experiências muito significativas para nossa alma. Até mesmo uma oração ou uma missa podem ser um alimento para a alma, quando não se tornam uma rotina rígida e não são tratadas como uma obrigação. Uma espiritualidade que nos convida a tudo isso é uma espiritualidade saudável, que, de acordo com Irineu de Lyon, parte do princípio de que o ser humano *vital* contribui para a honra de Deus.

Uma espiritualidade saudável, a aceitação de si mesmo e a capacidade ao amor

"Se você ama a si mesmo, então ama todas as pessoas como a si mesmo."

Muitas pessoas confundem o amor por si mesmas com egoísmo. Elas negam o "sim" a si mesmas – e isso a partir de um argumento espiritual. Elas dizem: Eu não tenho nenhum valor, eu sou medíocre, eu sou pequeno. Elas se julgam sem valor e indignas de amor. Ensinaram-lhes – e isso às vezes em nome de Deus – que amar a si mesmas é uma coisa negativa, uma coisa egoísta, que deve ser superada. Na realidade é justamente o contrário. As pessoas que se valorizam, que sentem um amor verdadeiro por si mesmas sentem-se nutridas e plenas. Elas têm muita coisa sobrando para as outras pessoas. Meister Eckhart já sabia disso. Ele diz: "Se você ama a si mesmo, amará todas as pessoas como a si mesmo". De acordo com o místico e monge Thomas Merton, não podemos amar Deus completamente se não nos amarmos completamente.

Assim, uma espiritualidade saudável, com os pés na terra, sempre vai contribuir para que nos amemos e aceitemos. O teólogo Joseph Ratzinger deixa claro que a aceitação de si mesmo não é comparável ao egoísmo, quando diz:

> O egoísmo é natural na pessoa e existe por si só, mas isso nunca acontece com a aceitação de si mesmo. O primeiro precisa ser superado, o segundo precisa ser encontrado. E certamente consiste num dos erros mais perigosos de pedagogos e moralistas cristãos o fato de frequentemente confundirem ambos, e assim negarem o "sim" a si mesmos, fortalecendo ainda mais o egoísmo como vingança do "eu" negado – é aqui que se situa a raiz daquilo

que os franceses chamam de "maladie catholique": aquele que quiser ser apenas supernatural, só altruísta, no final pode até ser "sem-eu", mas de certa maneira é qualquer outra coisa, menos altruísta...[6]

Muitas vezes a espiritualidade fortalece o rígido superego de pessoas que não conseguem se aceitar. Então elas têm a impressão de não rezar o suficiente, de não meditar o suficiente, de não ser suficientemente altruístas e assim por diante. Um superego rígido as lembra sempre de suas carências e imperfeições. Estão constantemente sob pressão, sentem-se submetidas a essa força interna que se opõe a elas tão rigorosa e impiedosamente. Tentam amenizar essa força rezando mais, meditando mais, comportando-se mais altruisticamente ainda. Na tentativa de viver de acordo com elevados ideais espirituais, negam seus reais sentimentos e são alienados de sua vitalidade corporal, da verdade da própria experiência e da capacidade de encontrar seu autêntico rumo. ..."[7]

John Welwood fala de uma mulher que, durante três anos, realizou exercícios muito rígidos num mosteiro tibetano. Esse treinamento rigoroso reforçou sua insatisfação interior, o que a levou a lutar por metas espirituais muito mais elevadas. O treinamento, porém, não a levou a uma aceitação maior de si mesma, a uma disposição de se olhar com mais empatia e benevolência, a aceitar os próprios limites, valorizando-se e amando-se mais.[8]

Joseph Ratzinger fala detalhadamente dos efeitos da incapacidade das pessoas de se aceitar e de se amar, constatando que:

> Aquele que consegue aceitar-se consegue dizer o "sim" decisivo. Ele vive no "sim". E apenas quem consegue aceitar-se, consegue também aceitar o "você", con-

> segue aceitar o mundo. O motivo pelo qual uma pessoa não consegue aceitar o "você", não consegue entrar em acordo com ele, consiste no fato de ele não gostar de seu "eu", e por isso não consegue aceitar também o "você".[9]

Amor às pessoas e a Deus

> Quando seu despertador toca de manhã cedo, a quem você acha que importa o fato de você ainda estar respirando? Quero dizer, para quem isso é realmente importante? Naturalmente haverá pessoas que ficarão emocionadas com sua morte ou que ficarão numa situação desagradável por causa disso, se, por exemplo, tiverem de assumir seu trabalho ou se de alguma forma eram suas dependentes. Mas quem realmente sentirá sua ausência? A quem você realmente fará falta?

Uma espiritualidade saudável, com os pés na terra, contribui para que as pessoas sejam capazes de amar verdadeiramente, e em suas relações e encontros possam passar pela experiência de serem amadas. A capacidade de amar não nos é simplesmente oferecida de bandeja. Podemos conquistá-la, quando nos dispomos a dar os passos necessários ao desenvolvimento que progressivamente nos torna capazes de sentir as outras pessoas e de amá-las verdadeiramente.

Algumas pessoas tentam contornar esse caminho em nome da espiritualidade. Nesse caso, o perigo é que, em vez de trilharem o caminho mais difícil, que leva à aceitação de si mesmas, que lhes dá a possibilidade de se abrir, que as torna vulneráveis e as convida a um encontro com seu semelhante, elas resolvem tomar o caminho mais fácil, no qual, contornando a aceitação de si mesmas e as relações mais profundas com seus semelhantes, elas fogem para o relacionamento com Deus.

Uma espiritualidade saudável, com os pés na terra, contribui para que olhemos à esquerda e à direita, para nossos semelhantes. Ela será um fluxo que sai de nosso coração, uma abertura para nosso próximo, para outras pessoas, e nosso coração baterá por elas. O amor a Deus sem o amor às pessoas – isso não é possível. Este é o grande desafio para todos os que pretendem chegar ao relacionamento direto com Deus, passando por cima de seu semelhante. Eles acreditam que podem construir um abrigo na eternidade, ao qual se retirarão para não precisar enfrentar as dolorosas e difíceis experiências do dia a dia. Via de regra, logo eles são alcançados por essa realidade, e isso se repetirá sempre.

Uma espiritualidade que estimula nossa humanização

O que quer dizer autorrealização?

Quando digo que é importante a pessoa se autorrealizar, muitas vezes me confronto com alguém que diz como é importante renunciar a si mesmo. Então ouço frequentemente a crítica, por trás disso, de que com esses conceitos estamos cultivando um modo de vida egoísta, estamos renegando profundas convicções cristãs. Só quando observamos as coisas mais atentamente e não nos deixamos influenciar por essas críticas de suposta base espiritual, vemos que os argumentos partem de posições totalmente diferentes.

Assim, pode ser um ideal espiritual não se considerar a si mesmo tão importante. Mas há uma grande diferença quando tenho consciência de meu valor, quando aceito o que há em mim, sem por isso me considerar especial, ou quando me considero sem valor, quando negligencio minhas possibilidades e disfarço de modéstia espiritual minha postura passiva.

Quando me considero importante e valioso, estou centrado, estimulo a mim mesmo e a meu potencial, digo sim a mim mesmo, sou como uma árvore "plantada junto ao regato, e que produz seus frutos na época certa", como diz o Salmo 1. Deixo a força entrar e atuar em mim, a força que, a partir das condições internas e externas, estimula minha transformação na pessoa que devo ser. Alegro-me em ser uma fonte de enriquecimento para os outros, e aceito com gratidão o elogio deles. Por outro lado, quando me considero sem valor, posso até perceber que há algo bloqueado em mim, que algo em mim não consegue viver. Mas, em vez de tentar enxergar com mais atenção o que é, simplesmente passo por cima daquilo. Consequentemente não cresço como uma árvore plantada junto ao regato, e que dá frutos na época certa. Minhas folhas murcham. Não encontro o reconhecimento de que necessito profundamente, porque não me atrevo a pensar que o mereço. Busco consolo ao dizer a mim mesmo que, aos olhos de Deus, isso não deve ser importante para o mundo e para as pessoas, que eu não preciso do reconhecimento deles. Mas, em última análise, permaneço insatisfeito internamente, falta-me algo.

Se me observasse mais atentamente para ver o que bloqueia meu crescimento interior, encontraria mensagens dizendo que não devo considerar-me tão importante, que devo deixar os outros passar a minha frente, que devo ser discreto e modesto. Ou, então, ensinaram-me que não é bom nadar contra a correnteza, ou arriscar alguma coisa. Em minha modéstia e em meu recolhimento, encontro-me com meu medo, o medo de viver. Mas, para que aquilo que faço dê frutos, como diz o Salmo 1, preciso primeiro livrar-me de mensagens velhas e inúteis. Preciso chegar às raízes de meu temor ou de meu medo. Preciso de um acompanhamento psicoterapêutico, que me ajude a eliminar os bloqueios que estão impedindo meu crescimento.

O atalho espiritual como negação da responsabilidade para consigo mesmo

O atalho espiritual é usado para contornar a responsabilidade sobre a própria vida e seu desenvolvimento. Essa negação da responsabilidade sobre si mesmo é disfarçada pela religião. As pessoas em questão justificam sua covardia – expressa por uma palavra dura – diante da vida, com frases cheias de devoção, como "diante de Deus devemos ser pequenos", ou "não devo considerar-me importante" e assim por diante. Não me refiro às pessoas que se esforçam no caminho de suas vidas e que para isso confiam na ajuda de Deus. Refiro-me àquelas que não gostam de dificuldades, e que mascaram esse comportamento nada digno de ser imitado, chamando-o de religioso. Em vez de enfrentar seu "eu" fraco e sua baixa autoestima e fazer o humanamente possível para fortalecê-los, em vez de trabalhar, o que até então não haviam visto, e enfrentar os conflitos internos, as pessoas em questão fogem para um mundo espiritual, a fim de se esquivar de todos esses esforços e tormentos. O resultado é que sua evolução estaciona, elas permanecem pequenas, e sua necessária humanização não progride. Uma mulher recém-casada considera uma prioridade conhecer as diversas opções esotéricas de sua cidade, em vez de se esforçar para cuidar de duas crianças pequenas. Ela aceita a negligência em relação aos filhos. Ou então aquele ginasiano de 17 anos de idade, que tem problemas constantes na escola, que decide ir para um convento, acreditando que assim conseguirá livrar-se de todas essas preocupações.

Uma espiritualidade sadia, com os pés na terra, empurra-nos à vida. Ela nos dá coragem quando queremos recuar e desistir. Quando fraquejamos e caímos durante os esforços do dia a dia, no caminho de nossa humanização, ela nos ajuda a nos levantar. Uma espiritualidade com os pés no chão quer que encaremos as dificuldades de frente, que caminhemos a seu encontro, que as enfrentemos. Ela sempre nos dá forças para suportar, para sobreviver às fases difíceis, como no caso da mãe recém-casada, para que ela tolere as duas crianças pequenas, e encontre meios que não as prejudiquem. O ginasiano, que capitula diante das dificuldades na escola, é encorajado, por uma espiritualidade desse tipo, a não desistir, pelo menos não imediatamente, a não tomar tão depressa o suposto caminho mais fácil. As experiências limítrofes que surgem a partir disso servem para entrarmos cada vez mais em contato com nós mesmos, para nos familiarizarmos cada vez mais com nosso potencial e utilizá-lo plenamente em nossa vida.

Para que possamos crescer como uma árvore, precisamos estar bem enraizados na terra, e nos deixarmos atingir pela água por baixo e pelo ar por cima, para que esses elementos fluam através de nós e nos animem. Só quando alcançamos nossa verdadeira humanidade, quando promovemos o processo da humanização, do vir-a-ser humano total, é que poderemos também alcançar a plenitude de nossas possibilidades. Então poderemos tornar-nos a obra de arte concebida por Deus para nós.

A autorrealização como humanização

O monge trapista, escritor e místico Thomas Merton diz que ser santo significa vir a ser aquilo para o qual se foi chamado e destinado, e quem não se torna ele mesmo, não vive. Para se chegar a isso, é preciso ousar viver, e também sempre superar o medo. Todos precisam dominar o medo, se quiserem usar as possibilidades que lhe são oferecidas de se tornar eles mesmos, cada vez mais. Esse vir-a-ser uma pessoa inteira, também chamado de autorrealização, é o tema central do psicólogo C. G. Jung. Sua discípula Jolande Jacobi diz:

> Só quem trilha e supera o caminho da vida corajosamente, só quem se coloca corajosamente na vida, sem medo da luta e das alternativas, quem não se esquiva de nenhuma experiência, terá uma personalidade que amadurecerá mais plenamente do que a personalidade daquele que tentou estacionar no lado mais seguro do caminho.[10]

Thomas Merton e C. G. Jung acabam com as ideias românticas de autorrealização, quando enfatizam inequivocamente que muitas vezes um caminho desse tipo é o mais difícil. Esse caminho não exclui o medo do passo seguinte. Nele, é preciso deixar-se penetrar pelo medo, aguentá-lo, às vezes também lutar contra ele para finalmente atravessá-lo, andar para a frente e alcançar uma nova liberdade. Uma espiritualidade sadia, com os pés na terra, é ajuda e estímulo para se trilhar esse caminho difícil sem se desviar.

Uma espiritualidade que leva à experiência da ligação do mundo com a eternidade

Alexander Lowen, o fundador da bioenergética, compara o homem psiquicamente sadio a uma árvore profundamente enraizada no solo, e com os galhos estendidos para o céu. Thomas Merton expressa o mesmo em linguagem religiosa, quando diz:

Esta árvore canta o louvor a Deus, uma vez que espalha suas raízes dentro da terra e ergue seus galhos para o espaço e para a luz, e isso de uma forma que nenhuma outra árvore antes ou depois dela jamais fez ou fará.

O que nos sustenta, o que nos nutre? Por um lado a ligação com a terra, que se mostra na consideração pelas necessidades de nosso corpo e, quando levamos a sério, de nossos desejos e anseios psíquicos. Por outro, os relacionamentos afetivos e a experiência do amor. Tudo isso faz parte, dentre outras coisas, da própria vida. Mas da vida por inteiro faz parte também o envolvimento em algo que aponta para além de nós, que nos estende para cima, como os galhos de uma árvore.

Quando ouvimos a voz profunda do coração, quando ouvimos realmente o que diz o interior das pessoas com as quais convivemos e trabalhamos, então às vezes sussurramos uma ânsia impossível de não se ouvir, pois será percebida e registrada como um grito, uma ânsia exigindo algo que nos sustente e nos mantenha, a ânsia de encontrar um apoio, uma orientação, um sentido, num mundo totalmente caótico. Isso vale, sobretudo, para aquelas fases de nossa vida em que não sabemos mais como prosseguir, quando chegamos a nossos limites. São fases em que nosso "eu" consciente, nosso pensamento racional não nos ajuda. Nesses momentos, o psicólogo C. G. Jung escrevia a sua alma, na esperança de que seu "eu" mais profundo, sua alma, ajudasse-o nessa situação. São momentos em que mais do que nunca estamos dispostos, e talvez até precisando deixar nossa vida nas mãos de um poder maior – uma pessoa religiosa diria "nas mãos de Deus". Trata-se de um processo que nos leva a sentir que, no momento atual de nossa vida, já estamos conectados ao infinito, à eternidade.

Para termos uma noção do eterno no momento atual, uma sensação de sermos parte de algo maior, precisamos relativizar o que aparentemente nos sustenta e nos mantém no mundo – prestígio, sucesso, aparência, riqueza. Estes não podem mais ser os fundamentos sobre os quais repousa minha vida, e que me dão apoio e segurança. O caminho que me leva a minhas profundezas, a meu fundamento verdadeiro, é o caminho místico, que no final pode dar-me uma noção do que significa estar ligado à eternidade. Então posso sentir a experiência da ligação com um mundo maior, mais amplo do que nosso mundo imediato, no qual vivemos e nos movemos, o mundo que podemos ver e tocar. É uma experiência da qual Jung nos diz:

> Quando entendemos e sentimos que, em nossa vida atual já estamos ligados ao infinito, os desejos e as posturas se modificam. Finalmente, vive-se em função do essencial, e quando não temos isso, a vida se esvai.[11]

Passar pela experiência da ligação com o infinito, no momento atual, pode significar, para a pessoa que crê em Deus, poder passar pela experiência de estar ligado a Deus. Essa experiência nos transmite a sensação não apenas de que Deus habita em nós, mas também de que nós habitamos em Deus. Mas essa é uma experiência que, no meio de nosso dia a dia, no meio de um mundo e de uma situação mundial marcada pelo caos, pelo anonimato e pelo terror, pode oferecer-nos acolhimento e consolo. Podemos passar pela experiência de que "neste mundo árido" – citando as palavras de Marie Luise Kaschnitz – ainda existe algo que nos sustenta e nos mantém. Então podemos orar, com as palavras de Klaus Simon:

> Senhor, como uma árvore seja minha vida perante vós,
> Senhor, como uma árvore seja perante vós minha oração.

Dai-me raízes, que penetrem na terra,
para que eu tenha uma base nos tempos antigos
e esteja enraizado na crença de meus pais.

Dai-me a força de crescer e tornar-me um
tronco forte,
de pé, ereto em meu lugar
sem vacilar,
mesmo que as tempestades me ameacem!

Senhor, como uma árvore seja minha
vida perante vós,
Senhor, como uma árvore seja perante
vós minha oração.

Fazei com que se elevem de mim os galhos, livres,
como meus filhos, Senhor, fortalecei-os
e deixai seus ramos subirem ao céu.
Dai-me um futuro e deixai as folhas verdejarem.
E uma nova esperança florescer após o inverno,
e quando for o momento,
deixai-me dar frutos!

Se eu amo Deus – é uma boa pergunta!

Se eu amo Deus – é uma boa pergunta.
Se eu me amo – também é uma boa pergunta.
Como alguém consegue responder sim à primeira pergunta e não à segunda?

Não! Eu só amo Deus quando eu me amo.

Toda a vida do ser humano é vida no corpo físico.

A vida espiritual precisa de um corpo, no qual possa viver;
uma palavra, um riso, um coração pleno de coração.

Acreditar é uma postura corporal e uma forma de caminhar,
um modo de rir e de olhar.

Sempre:
Como eu toco, serei tocado.
Tudo depende de atenção e de respeito.

Meinrad Dufner

A ferida que me fragmenta – a ferida como chance

Anselm Grün

Introdução

*E*m meu serviço de acompanhamento espiritual, encontro homens e mulheres que foram muito feridos na infância. Alguns ficam presos a suas feridas, outros amadurecem e tornam-se mais fortes e vitais. Portanto, as mágoas não podem ser o único fator que torna algumas pessoas doentes ou saudáveis. Provavelmente, isso depende da forma como lidamos com nossas feridas. Podemos ficar girando ao redor delas, cavando o buraco o tempo todo. Peter Schellenbaum chama isso de mexer na ferida do "não ser amado". Mas podemos também nos reconciliar com nossas feridas. Então, o que pode acontecer é elas se transformarem em pérolas. Elas não nos fazem adoecer, mas nos levam a ter uma saúde de melhor qualidade.

Por um lado, o fato de adoecermos ou de nos tornarmos sadios depende de como lidamos com as feridas. Por outro, depende se nos alimentamos ou não de fontes claras, para reagirmos a nossas feridas. A partir da espiritualidade, podemos dizer: deveríamos alimentar-nos da fonte do Espírito Santo, que é sempre também um espírito de cura. Então, poderemos crescer a partir das mágoas. Nesse caso, os contratempos diários não poderão mais abrir as velhas feridas, mas nos lembrar sempre de que deveríamos alimentar-nos de nossos próprios recursos para reagir adequadamente àquilo que nos contraria constantemente. Para isso, não existem apenas as fontes pessoais, mas também a fonte de um entorno social sadio, do qual podemos nos alimentar. E existe a fonte da vida espiritual. Para muitos, uma fonte de saúde é a meditação, para outros é a música, o contato com a natureza, a celebração da eucaristia, o encontro pessoal com Deus ou com Jesus Cristo.

Sempre volto a ouvir o comentário: Por que eu deveria preocupar-me com as mágoas passadas? Por que sempre remexer o passado? O que realmente importa é nos colocarmos no presente. Obviamente o comentário de certo modo se justifica. Há pessoas que não conseguem livrar-se do passado. Mas o contrário também é válido: aquele que não encara conscientemente seu passado está fadado a repeti-lo. As mágoas sofridas insinuam-se sempre de novo nas reações e no comportamento da pessoa e impedem-na de reagir adequadamente aos desafios do dia a dia. Aliás, não deveríamos prender-nos às feridas do passado, mas nos reconciliar com elas, para que, justamente no anteparo de nossas feridas, possamos encontrar o rastro mais primordial de nossa vida. Somente as feridas que conseguimos encarar – como nos afirma Hildegard von Bingen – podem transformar-se em pérolas, em um dom precioso, em uma nova sensibilidade em relação aos outros, em uma profunda espiritualidade.

A vida de todos e de cada um de nós já foi muito marcada pelas mágoas, ou como diz John Bradshaw: cada um de nós leva consigo uma criança magoada: assumimos nossa responsabilidade pelos outros com nosso próprio histórico de mágoas. Lidamos com pessoas que arrastam consigo seu histórico de mágoas e que frequentemente as projetam em nós. Isso nos magoa sempre de novo. Nossa intenção é boa, mesmo assim nos tornamos alvo de projeções, contra as quais não podemos fazer nada. Mas as mágoas que sofremos poderiam também ser uma chance para nossa própria humanização, e uma chance para um real encontro com Deus. É isso que a Bíblia nos mostra na figura de Jacó, que se tornou o patriarca da tribo de Israel como o ferido, o manco; ou então na figura de Jesus, que, segundo o evangelho de João, está pregado na cruz como médico ferido, e justamente com a ferida de seu coração tornou-se fonte de cura para todo o mundo.

Feridas da vida

Pretendo enumerar apenas algumas mágoas, que sobretudo em meu serviço de aconselhamento surgem sempre de novo. Por exemplo, a ferida paterna. Muitas pessoas que procuram um aconselhamento perderam o pai muito cedo, ou nem chegaram a conhecê-lo. Ou então o pai não esteve realmente presente, ou ele se esquivou de sua responsabilidade. O pai geralmente é aquele que fortalece nossa estrutura, que nos dá coragem para a vida, que nos inspira a confiança de ousar e agarrar as coisas. Quando uma pessoa não teve essa vivência, muitas vezes precisa de uma estrutura substituta. E que pode ser uma ideologia, uma regra rígida, atrás da qual ela se esconde. E muitas vezes ela é atormentada por uma forte desconfiança. Possui problemas de autoridade. A desconfiança em relação a qualquer autoridade muitas vezes tem origem em uma experiência negativa com o pai. E essas pessoas, então, encontram dificuldades para confiar em Deus. Nelas, reside uma profunda desconfiança de que Deus não lhes permite viver verdadeiramente, de que as deixa cair, de que as castiga, quando não fazem o que ele quer. Muitas vezes, então, as pessoas sem pai se apoiam fortemente em conselheiros espirituais ou terapeutas, buscam neles o pai ausente.

Da mesma forma, ocorre frequentemente a mágoa da ausência da mãe. A mãe dá carinho ao filho e amor incondicional. A mãe transmite ao filho a mensagem de que ele é bem-vindo neste mundo. Desse modo, o filho passa a ter uma confiança primordial na vida. Uma mãe que se ocupa demais com ela mesma não pode dar esse carinho ao filho. A pessoa que não se sente digna do amor de todos a sua volta, e não pode confiar no amor dos pais, muitas vezes sofre de uma perturbação narcisista. É insaciável em sua fome de amor, atenção e dedicação. Essas pessoas perturbadas narcisisticamente são muitas vezes um tormento para os superiores. Querem ter os superiores sempre a sua volta, precisam constantemente se assegurar de que o superior também gosta delas. Ninguém consegue preencher suas necessidades de amor. Vivenciam constantes decepções em seus relacionamentos. Frequentemente se tornam viciadas, viciadas em relacionamentos, em álcool ou em reconhecimento. Precisam da contínua admiração do público. Quando, como responsáveis, carregamos esse tipo de mágoa decorrente da ausência materna, frequentemente utilizamos as pessoas para satisfazer nossas necessidades narcisistas.

Muitas vezes, esse tipo de mágoa se expressa nas mulheres, quando uma mulher foi usada como confidente pela mãe. A mãe depressiva usou a filha para desabafar. Ela contava à filha seus problemas com o marido, e com isso a sobrecarregava. A filha nunca pôde ser verdadeiramente uma criança. Nunca pôde viver a própria vida, sempre precisou estar à disposição dos outros. Muitas vezes, esse tipo de pessoa não consegue permitir-se às coisas. Só encontra a realização quando se sacrifica pelos outros. Os homens são magoados pelas mães quando sofrem cobranças, quando, para serem amados como filhos, precisam satisfazer todas as expectativas delas. Frequentemente, então, a pessoa entra em um convento ou seminário para fugir da mãe, de sua expectativa exagerada. Mas quando esse tipo de mágoa não foi devidamente trabalhada, a pessoa procura uma substituta. Ela foge de uma mãe à outra. A Igreja torna-se uma mãe substituta, que também faz cobranças e sobrecarrega a pessoa com suas expectativas. Acompanhei um sacerdote que se sentia mal quando chegava à paróquia, porque se sentia exposto à pressão das expectativas. Eram as mesmas de sua mãe em relação a ele. E ao mesmo tempo essas expectativas estavam ligadas às rígidas proibições que a mãe lhe impusera, ou seja, relativas à demonização da sexualidade. A comunidade paroquial assumira a função de sua mãe. Ele precisou primeiro libertar-se de sua mãe, para poder exercer livremente o sacerdócio em sua comunidade.

As crianças são magoadas quando precisam assumir responsabilidades cedo demais na vida. Uma mulher me contou que, quando criança, como era a filha mais velha, já com sete anos de idade, precisou cozinhar para toda a família. E a mãe nunca estava satisfeita. Por isso, hoje ela nunca consegue fazer as coisas corretamente, como diretora da comunidade. Sempre há pessoas achando que ela deveria trabalhar mais. E ela quase não consegue defender-se desses julgamentos. Um outro caso: quando criança, uma freira precisou dar atenção constante ao pai doente. Sempre precisou se adequar. Assim, no início, o convento não constituía um problema para ela. Mas, em certo momento, esse mecanismo de sempre se adequar tornou-se uma camisa de força, muito apertada, da qual ela precisou se livrar. Essas pessoas, muitas vezes, têm a sensação de ter sido privadas da infância.

Uma mágoa profunda é produzida pelo abuso físico e emocional. Como aquela provocada pelo pai brutal, imprevisível e irado, do qual o filho sempre tem medo de levar uma surra. A criança precisa retrair-se totalmente em si mesma, para poder sobreviver. Ou, então, é a mãe que usa o filho para si e suas necessidades, que coloca o pai diante do filho como a imagem de um homem malvado, porque ele vai trabalhar e é admirado pelas outras mulheres. E há também o abuso sexual da criança, praticado pelo pai ou pelos parentes próximos; e isso infelizmente foi o que ocorreu na infância de muitas freiras atuais, com mais frequência do que se imagina. Para se trabalhar a ferida do abuso sexual, é necessária uma terapia. E muitas vezes é preciso um tempo longo, até que a ferida não impeça mais a mulher de viver e se transforme lentamente em uma nova vitalidade e uma nova sensibilidade.

Não existe apenas o abuso sexual, mas também o emocional. Consiste em colocar o outro sob pressão emocional. Pode parecer que ameaçamos a criança com a privação do amor, quando ela não faz o que queremos. A criança sofre abusos sempre que é usada para as necessidades dos outros. Ambas as mágoas, a mágoa pela violência física, que humilha e rebaixa, e a mágoa pelo abuso emocional, continuam a exercer seus efeitos em nós, ao longo da vida.

John Bradshaw acha que as mágoas, que não encaramos e que não elaboramos, obrigam-nos a magoar os outros ou nós mesmos. Frequentemente, percebo que homens ou mulheres buscam as mesmas situações nas quais foram magoados, quando crianças. Eles escolhem um superior ou superiora que os magoa da mesma maneira que seu pai ou sua mãe. Ou então escolhem um cônjuge, um amigo ou um colega de trabalho que os magoa do mesmo modo que seu pai, seu professor ou o sacerdote o magoaram um dia. Eles acham que os outros são culpados. Mas não enxergam que eles mesmos procuram essas situações. João Crisóstomo fez um sermão sobre o assunto: "Você não pode ser magoado, se não magoa a si mesmo". Nós mesmos nos magoamos constantemente, quando não encaramos as mágoas de nossa infância, e, em vez disso, escolhemos inconscientemente situações nas quais as mágoas se repetem.

Conheço uma mulher que escolheu um namorado quinze anos mais velho; ele a magoa e a desvaloriza exatamente como seu pai fizera com ela um dia. Mas não consegue libertar-se dele. Precisa primeiro encarar a ferida provocada pelo pai, para conseguir defender-se do namorado. Conheço pessoas que não suportam ser queridas por um grupo. Precisam fazer alguma coisa que coloca todo o grupo contra elas. Desse modo, elas reproduzem a situação da infância, na qual eram marginalizadas e não tinham espaço na família ou na sala de aula.

Uma mágoa frequente é a desvalorização da criança. Essas crianças ouvem frequentemente a mensagem: "Você não sabe nada. Você não é nada. Você é lenta demais. Você é pior do que as outras crianças. Você é um peso para mim. Sem você eu estaria melhor. Antes você nunca tivesse nascido". Estas mensagens são internalizadas pela criança como um assim chamado roteiro de vida. Um outro tipo de roteiro de vida é: "Eu sou um perdedor. Tudo dá errado para mim. Eu nem deveria existir". Com um roteiro de vida desse tipo não se consegue viver. E ele sempre reaparece, quando se precisa enfrentar problemas. Com uma mensagem desse tipo soprando no ouvido, não se pode desenvolver uma autoestima sadia. Não nos levamos a sério. E sentimos que não somos levados a sério pelas outras pessoas. Temos a constante sensação de que os outros não nos estimam, de que eles nos desprezam e nos desdenham. Na verdade, nós mesmos nos desdenhamos e nos desprezamos.

Uma mulher me contou que se sentia constantemente controlada pelo marido. Quando ele chegava em casa e perguntava como ela se sentia e o que havia feito durante o dia, ela interpretava suas perguntas como um controle. Na realidade, ele demonstrava interesse por ela. Muitos mal-entendidos em nossos relacionamentos têm origem nessas projeções. Como as pessoas não se levam a sério, sentem que não são levadas a sério por seus superiores e imediatamente interpretam qualquer pergunta do chefe como controle. E quando, como subalternos, temos pouca autoconfiança, sentimo-nos constantemente desvalorizados e não levados a sério. Então precisamos prevalecer-nos de nossa autoridade, com medo de que ela possa ser sufocada.

Quando uma criança recebeu pouca confiança dos pais, muitas vezes ela passa a querer controlar tudo. Precisa estar sempre vigilante e manter tudo sob controle. Então ninguém poderá mais surpreendê-la e magoá-la. Uma compulsão desse tipo, ao controle de tudo, pode tornar-se um vício. Há, por exemplo, nos conventos, padres ou freiras que controlam os cestos de papéis e as latas de lixo, para que nada seja jogado fora. Evitar o desperdício é uma coisa boa. Mas, às vezes, a boa intenção pode transformar-se num instrumento de dominação, com o qual se mantém o convento inteiro em xeque. Ou então existem pessoas que trabalham sem parar, porque querem controlar tudo. Não conseguem delegar nada e precisam fazer tudo sozinhas. Outras precisam descer as escadas duas vezes para ver se a porta da frente da casa realmente foi trancada. Elas dão meia-volta quando vão ao supermercado, para ver se desligaram o forno ou apagaram a vela antes de sair de casa.

As perturbações na confiança não levam apenas à compulsão do controle, mas às vezes também ao excesso de confiança, quando nos apegamos ingenuamente aos outros e os superestimamos totalmente. Quando nossos sentimentos não foram levados a sério no passado, também se produzem mágoas. Quando crianças, fomos obrigados a reprimir nossos sentimentos. Nossos pais não gostavam de sentimentos como medo e tristeza. Quando alguém não pôde expressar seus sentimentos quando criança, muitas vezes ele os materializa em ações. Bradshaw fala de uma mulher que, quando criança, viu a mãe ser maltratada pelo pai. Na época ela não pôde expressar sua tristeza. Então ela materializou esse sentimento em ações, tornando-se conselheira de mulheres e especializando-se em mulheres vítimas de maus-tratos. Mas ela própria sempre procurava relacionamentos com homens que a maltratavam. Cuidava dos outros, mas ninguém cuidava dela. Aconselhei uma mulher que, quando criança, precisou cuidar da mãe doente. Tornou-se enfermeira. Mas não foi por puro idealismo, foi simplesmente uma materialização, por meio da ação, da ferida da infância.

Os americanos chamam isso de *acting out.* E conhecem outro mecanismo desse tipo como resposta às mágoas da infância: o *acting in*, ou autopunição, que ocorre frequentemente. Muitos se punem quando não conseguem corresponder às internalizadas imagens ideais de seus pais. Xingam-se com as mesmas palavras com as quais os pais costumavam xingá-los. Aquele que não pôde desenvolver uma boa autoestima não tem noção de seus limites. É puxado de um lado a outro, entre o medo de ser deixado só e o medo de ser devorado.

Muitas vezes, podemos observar esses dois medos em freiras e padres. Um padre continua mantendo um relacionamento com uma mulher, apesar de essa situação machucá-lo. Mas com medo de ficar sozinho, ele se apega a esse relacionamento fatal. Outros se isolam e se retraem totalmente, com medo de que os outros se aproximem demais e ultrapassem seus limites autoimpostos. Uma percepção clara dos próprios limites é necessária para a saúde da alma. Aquele que, quando criança, não pôde desenvolver uma percepção de seus limites naturais não sabe onde eles terminam e onde os outros começam. É difícil para ele dizer "não" e saber o que quer. E frequentemente ele ultrapassará os limites dos outros. Por isso, um caminho importante de cura é a prática da autolimitação. Preciso confiar em minha percepção interna, que me diz exatamente quando devo dizer sim ou não, quando devo confiar no outro ou impor meus limites a ele.

Há ainda muitos outros sinais das mágoas da infância, da falta de respeito pelas necessidades das crianças. Como, por exemplo, o pensamento mágico e a crença no milagre. Então, achamos que se chegasse uma outra superiora tudo ficaria em ordem, ou esperamos milagres de uma transferência. Ou constatamos nas pessoas o comportamento indisciplinado ou superdisciplinado. Isso se evidencia na indolência, na rebeldia, na teimosia e no egoísmo, ou na forçada imobilidade, na solicitude exagerada e na obediência subserviente. Então, surgem perturbações no modo de pensar quando, por exemplo, generalizamos para nos desviar dos sentimentos. Um típico exemplo disso é ver tudo preto. Vemos em todos os lugares apenas o que é negativo e pintamos o fim do mundo apocalíptico em todas as cores. A mania dessas profecias apocalípticas pode ser observada, com frequência, justamente nos conventos. Ela tem origem na repressão dos verdadeiros sentimentos.

Para Bradshaw, a mágoa mais grave é a espiritual. Para ele, esse tipo de mágoa ocorre quando a criança não é levada a sério em sua singularidade e especificidade. Cada criança é única e valiosa, uma imagem de Deus, um presente de Deus. No Antigo Testamento, Deus revelou-se como o "eu sou", o "estou aqui". E assim Bradshaw acredita que "nossa identidade é a essência daquilo que constitui nossa semelhança com Deus".[1] Quando uma criança não é aceita em sua identidade, mas é forçada a assumir uma imagem que seus pais lhe impõem, então ocorre uma mágoa espiritual.

> Mais do que qualquer outro fator, a mágoa espiritual é responsável por nos tornar crianças adultas, dependentes, constrangidas. A história da decadência de um homem ou de uma mulher mostra que ele ou ela foi uma criança maravilhosa, preciosa e especial que perdeu seu sentido do "eu sou o que sou.[2]

Essas foram apenas algumas feridas da vida, que certamente constatamos em nós mesmos e que encontramos nas pessoas sobre as quais assumimos responsabilidades. A pergunta é: Como lidamos com essas feridas? Muitos acham que a terapia consistiria numa cura total das feridas, para que nunca mais tivéssemos de encará-las. Mas essa é uma imagem ideal que não corresponde à realidade. Na verdade, devo transformar essas feridas, para lidar com elas de um modo diferente, para não ser mais determinado por elas, para elas se tornarem uma chance de me vivenciar mais como ser humano e me abrir a Deus. A tarefa mais importante é encarar as feridas e admitir a dor que provocam. Então, devemos reconciliar-nos com essas feridas e assumir a responsabilidade por nosso passado. Em vez de ficar choramingando por causa de minhas mágoas, eu as assumo. Tento dizer sim para mim mesmo, junto com meu passado. Só assim posso olhar aliviado para o futuro, e trilhar meu caminho no presente.

A ferida como chance

Muitos que comparecem ao aconselhamento espiritual têm a esperança de que suas feridas sejam curadas pela prece. Acham que precisam apenas viver espiritualmente para não ter a necessidade de encarar as mágoas da infância. Voltam-se contra a psicologia, que sempre fica remexendo na infância. Isso seria prejudicial. Por trás dessa rejeição da psicologia, muitas vezes existe o medo da própria verdade. Se eles encarassem a própria verdade, o edifício espiritual de suas vidas poderia ruir e ficaria demonstrado que sua vocação não é autêntica, ou que sua vida espiritual é uma ilusão. Mas apenas a verdade nos liberta, já nos dizia Jesus.

A terapia não é uma substituição da vida espiritual, mas ela pode enriquecer nossa vida espiritual, pode conduzir-nos à verdade, para que encontremos o verdadeiro Deus e não as projeções de nossos medos. Evágrio Pôntico já dizia: "Se você quer conhecer Deus, aprenda antes a conhecer a si mesmo". Não existe um encontro real com Deus sem um autoencontro honesto. Todo o resto seria um *spiritual bypassing*, como dizem os americanos, um atalho espiritual. Queremos desviar-nos das mágoas, caminhando rapidamente até Deus. Não encaramos as feridas, colamos imediatamente um esparadrapo de devoção nelas. Mas o caminho em direção a Deus passa sobre nossas feridas e não ao largo delas. Na vida espiritual, podemos também desviar de nossa verdade, quando permanecemos constante e espiritualmente ocupados, realizando um exercício espiritual após o outro, sem deixar chances a Deus de revelar nossa verdade e tocar nosso coração ferido.

Tanto na terapia como no aconselhamento espiritual, devemos encarar as feridas de nossa infância, não necessariamente com a obrigação de elaborá-las, mas com o objetivo de nos reconciliarmos com elas. Reconciliar-se (*sich versöhnen*, em alemão) vem da palavra alemã "versühnen", o que significa "beijar". Portanto, trata-se de encarar amorosamente, beijar carinhosamente nossas feridas, das quais na verdade preferimos fugir. Bradshaw acha que cada um deveria assumir a responsabilidade por sua criança ferida e cuidar bem dela. O pressuposto para isso é chorar novamente por todas as necessidades reprimidas e todas as mágoas. Então, passando pela criança magoada, a pessoa poderia entrar em contato com a criança divina, a imagem intacta que Deus criou para ela. A reconciliação com essa criança magoada não é tão simples. Muitas vezes leva tempo até que possa reconciliar-se com suas feridas, até que possa aceitar que esta é sua história de vida. Mas só quando consegue isso, poderá entrar em contato com as raízes positivas que também estão contidas em seu passado.

Muitas vezes, no aconselhamento, vi como algumas pessoas enaltecem a própria infância, e não admitem que foram magoadas, ou como tornam as feridas inofensivas. Mas só quando encontram a coragem de admitir toda a parte dolorosa da infância, a vida pode ser curada. Só quando admito que fui magoado por meu pai, posso descobrir também suas boas raízes, das quais posso me nutrir. Só quando consigo encarar o caráter manipulador da mãe, posso também me sentir grato por ela ter-me dado proteção. Toda fraqueza tem sua força e vice-versa. Podemos ver isso na história da sírio-fenícia, uma das quatro histórias de relacionamento da Bíblia.

A filha está possuída por um demônio, porque a super-mãe a oprime. Jesus mostra a essa mulher – que acha que consegue tudo o que quer e que todo o mundo dança conforme sua música – quais são seus limites. Ele impõe seus próprios limites em relação a ela. Colocada em seu devido lugar, ela pode mostrar sua verdadeira grandeza. Dá razão a Jesus e consegue fazer com que ele cure a filha. A cura de nossa infância nunca é obtida assim, preto no branco, mas apenas à medida que vemos os dois lados de nossos pais: a boa vontade, a força nutriz, mas também as cobranças e a parte destrutiva. Só quando olho para as duas coisas, posso reconciliar-me e dizer, na oração: tudo está bem como está. Tudo pode ser como é. Em tudo o que me aconteceu, Deus colocou sua mão sobre mim. Minha história tem um significado profundo. E talvez então eu possa descobrir meu carisma. Cada um de nós é uma palavra única, que Deus pronuncia apenas naquela pessoa. Mas só posso descobrir qual é essa palavra quando encaro minha história de vida. Então, percebo qual é minha vocação mais profunda e como minha história pode tornar-se frutífera para mim e para os outros.

Para mim, foi uma experiência importante, quando uma vez, de férias, sentei-me numa ermida isolada e senti uma grande falta de ternura, algo que já sentia há bastante tempo. De repente, pude dizer: é bom que eu não tenha me saciado de ternura. Pois isso mantém minha ânsia desperta. Isso me impulsiona a Deus. Isso me mostra minha verdadeira vocação de confiar em minha ânsia e abordar a ânsia nas pessoas, a ânsia de amor absoluto e acolhimento, a ânsia por Deus.

Quando me reconcilio com minhas feridas, entro em contato com meu verdadeiro ser. Henri Nouwen acha que ali onde estamos rompidos, também estamos rompidos para a verdade. Ali se rompem as máscaras que colocamos em nossas faces. Ali descobrimos o verdadeiro tesouro em nós, a imagem única que Deus criou para cada um de nós. Para Hildegarda de Bingen, a pergunta fundamental da vida humana é como podemos transformar nossas feridas em pérolas. Quando descubro a pérola em minha ferida, então a ferida não me faz mais sofrer, ela se torna uma coisa preciosa, que protejo como um tesouro, algo que me coloca em contato com a imagem divina em mim. Santo Tomás de Aquino acha que cada um de nós é uma expressão única de Deus, e que o mundo seria mais pobre se cada um de nós não expressasse Deus a sua maneira única. Existe algo divino que só pode ser expresso através de mim, e que só pode ser conhecido pelas outras pessoas através de mim. Ali onde estou magoado, reside também um tesouro, a pérola que me lembra dessa imagem única de Deus em mim.

As feridas também me mantêm vivo. Elas impedem que eu me esconda por trás de minha máscara. Ali onde me sinto magoado, eu também me percebo, sinto que a vida não é simplesmente factível, sinto não apenas a mim mesmo, mas também as pessoas a meu redor. As feridas me ligam ao próximo. Tornam-me sensível a suas aflições. Elas me ensinam a ser bondoso comigo mesmo e com os outros. Não vou abrir as feridas dos outros cruamente, mas vou lidar com elas tão suave e cuidadosamente quanto com minhas próprias. Os gregos conhecem o segredo da ferida quando dizem que só o médico que já foi ferido consegue curar. João mostra Jesus como o médico ferido, preso na cruz, apontando para o alto como a cobra num tronco. Os gregos estavam convencidos de que só o sagrado pode curar. Por isso, conheciam o Deus da cura. Era Asclépio. Representavam-no de forma semelhante, como o fez João, quando falou de Jesus crucificado, por meio de uma serpente enrolada. Asclépio usa um cajado, em que há uma serpente enrolada.

Na cruz, Jesus exibe a ferida mortal. Justamente dessa ferida jorram o sangue e a água, jorram o Espírito Santo e a cura de Deus sobre todo o mundo. Assim também minhas feridas podem tornar-se fonte da vida para mim e para as pessoas a minha volta. Como um ser magoado, que se reconciliou com suas feridas, não projetarei minhas feridas sobre meus semelhantes, mas terei uma percepção aguçada para suas aflições e seus problemas, seus medos e temores. Poderei lidar com eles bondosamente, com a consciência de que nada do que é humano me é estranho. Terei compaixão pelo pobre, magoado, abandonado, miserável que existe no homem. Não farei julgamentos nem apreciações, mas olharei para o que existe. Para Bento de Núrsia, justamente o superior é um médico de almas. Mas ele só pode sê-lo depois que encarou as próprias feridas.

A ferida não me abre apenas para minha verdade, e também não apenas para as pessoas a minha volta, mas também para Deus. Jesus dirigiu-se justamente às pessoas feridas porque sabia que estão abertas para a alegre mensagem do Deus misericordioso. Não são as pessoas saudáveis que precisam de um médico, mas as doentes. Os magoados pressentem que não conseguem curar-se sozinhos, que dependem da graça de Deus. Estão abertos a Deus, o verdadeiro médico de almas. Jesus valoriza os pobres e entristecidos, os magoados e feridos. Na parábola da ceia das bodas, ele mostra que os bem-sucedidos se esquivam, desculpando-se, mas os aleijados e paralíticos e cegos aceitam o convite (cf. Lc 14,16-24). Ali onde me sinto magoado, abro-me para a ceia das bodas, para a união com Deus. A experiência de nossa fraqueza e de nossa ferida é certamente o pressuposto para a verdadeira experiência de Deus. Então, não confundo Deus com meu próprio êxito, com a imagem ideal que criei para mim, mas vivencio realmente o Deus de minha cura, o Deus que cura minha fragmentação e minhas mágoas.

Para Jacó, a ferida em seu quadril era uma constante lembrança de que Deus o tocara. Paulo rezou para que o senhor o livrasse de sua ferida humilhante. Mas Cristo respondeu: "Minha graça lhe basta; pois ela mostra sua força na fraqueza" (2Cor 12,9). Sua ferida o lembrava de que tudo é graça, de que ele vive da graça e não de seu esforço, de que está a serviço de Deus e não trabalha em seu próprio nome. A ferida pode tornar-nos permeáveis a Deus. Queremos tornar-nos permeáveis a Deus justamente em nossas forças. Mas o segredo de sua graça consiste no fato de que Deus pode exercer seu poder de cura nas pessoas justamente e também através de nossas feridas, de nossos pontos sensíveis. Mas o pressuposto para isso é que tenhamos encarado nossas feridas e nos reconciliado com elas. Como seres humanos que assumem a responsabilidade sobre os outros, às vezes nos chateamos porque carregamos nossas próprias mágoas, e quando os outros as descobrem em nós colocam muitas vezes o dedo nelas. Não precisamos, porém, ser perfeitos, apenas permeáveis para a misericórdia e o amor de Deus. São justamente as feridas que não conseguimos esconder que em nossa fraqueza nos impelem a apelar a Deus, para que ele aja por meio de nós e por meio delas, e também cure as feridas das pessoas a nós confiadas.

Para muitos que buscam conselhos, é útil saber que não precisam livrar-se de suas feridas. Elas podem continuar doendo. Mesmo cicatrizadas, continuarão sendo um ponto sensível em nós. Diante de críticas, sentiremos a dor dessas feridas novamente. Então, muitos acharão que todo o aconselhamento terapêutico ou espiritual não serviu para nada. Eles têm a ideia fixa de que a ferida deveria sarar definitivamente. Mas é uma ilusão que precisamos descartar. A ferida sempre me lembrará de minha sensibilidade. Mas ali, em meu ponto sensível, também sou receptivo. Ali posso sentir as outras pessoas. E me torno sensível para a proximidade curadora de Deus. Assim, minha ferida me mantém vivo. Ela me abre constantemente minha realidade mais profunda. E me abre para as pessoas que encontro. É o portal de entrada para a graça de Deus.

O ser humano não vive simplesmente, ele precisa aprender a viver

O ser humano não vive simplesmente,
ele precisa aprender a viver.

Apegar-se a Deus, corporalmente.
É um caminho. Neste caminho, é preciso aprender
praticando.

A primeira lição nessa escola da vida diz:
Ame a própria pele.

A terceira lição:
Ame sem a pele.

A quarta lição:
Transforme sua pele numa oração.

A quinta lição:
Seja todo oração.

Meinrad Dufner

Salutogênese: o programa para uma vida saudável

Perspectivas psicológico-pastorais de nosso desejo de boa saúde, cura e êxito

Christoph Jacobs

Prólogo: O desejo de uma vida plena

> Há algum tempo, vinha sentindo-me insatisfeito com os psicólogos que se preocupavam quase exclusivamente com as doenças. Ajudar as pessoas aflitas é um objetivo louvável. Mas, para mim, o objetivo complementar também me pareceu importante: enriquecer a vida das pessoas sadias.

Essa formulação marcante, e para mim extremamente simpática, de Martin Seligman, um renomado especialista no campo da doença e da saúde, assinala uma *mudança de perspectiva* muito decisiva na psicologia atual: o que realmente interessa – o verdadeiro mistério do desenvolvimento humano vital – não é a resposta à pergunta constantemente formulada do que *adoece* o indivíduo, mas a resposta à nova e bem mais desafiadora questão: O que nos torna *sadios*?

De meu ponto de vista, a mudança de perspectiva das *experiências negativas* às *experiências positivas* da vida humana é um desafio mais benéfico, e provavelmente mais frutífero, da psicologia pastoral. Ele viria ao encontro do desejo das pessoas por uma "vida em plenitude" e também do desejo da Igreja, tanto na teoria teológica como, sobretudo, na prática eclesiástica cotidiana. Pois, de acordo com o evangelho, e desde o início, em relação à plenitude da vida e a partir de seu interior, a Igreja se considera *defensora dos vivos*.

O forte desejo das pessoas na atualidade – incluindo naturalmente os membros da Igreja, os sacerdotes e os integrantes de ordens religiosas, e também os leigos a serviço da Igreja – de "realização aos olhos de Deus" (*Hermann Stenger*), portanto, de desenvolvimento pessoal, motiva as velhas e novas tendências das pesquisas na área da psicologia a perguntar: O que podemos fazer para enriquecer e promover o desenvolvimento pessoal sadio, bem-sucedido, "são", no sentido holístico?

Salutogênese – assim se chama o conceito interdisciplinar de enriquecimento, oferecido pela psicologia pastoral em conjunto com as modernas ciências da saúde, como modelo de vida cristão, baseado nos tesouros da fé, para visualizar estratégias e posturas de vida promotoras da saúde, ordená-las e torná-las frutíferas para a gestão da vida. Ela pode oferecer uma contribuição teológica e prática inovadoras, *como modelo integrado de sabedoria de vida terapêutica, não só para a compreensão da saúde e da doença, mas também no geral,* a serviço da promoção e do desenvolvimento do ser humano e da comunidade humana.[1]

Naturalmente, não podemos apresentar aqui o modelo da salutogênese de forma abrangente. Prefiro apresentar, a partir da perspectiva pastoral-psicológica, *dez impulsos*, que nos podem ajudar a entender a *mudança de perspectiva para a saúde holística* e a redescobrir a *promoção do desenvolvimento e da alegria de viver* como objetivos pastorais necessários de atuação. Tento direcionar sempre essas reflexões à prática do dia a dia de cristãos e cristãs, que têm sua fonte de forças no evangelho, e sobretudo concretizá-las na vida de sacerdotes e membros de ordens religiosas, e depois ilustrá-las com exemplos.

Este texto tem suas raízes em minha atividade sacerdotal e de aconselhamento para a promoção do êxito de projetos de vida de sacerdotes e membros de ordens religiosas. Isso é tão importante para mim, como perspectiva, que tento constantemente introduzi-lo como fundamento em meu mundo pessoal e no campo de trabalho, em muitas citações e exemplos. Para mim, são importantes também as correlações com a espiritualidade da Igreja e das comunidades de ordens religiosas, como também a relação com a teologia.

Naturalmente podemos perguntar: As reflexões apresentadas valem apenas para o mundo da Igreja e para o mundo dos sacerdotes e dos membros de ordens? Para mim existe apenas uma resposta óbvia: Claro que não!

Muito pelo contrário: o desejo de cura e de êxito é um fenômeno humano geral. Os impulsos apresentados valem para todo ser humano buscador e, provavelmente, também exercem uma forte atração sobre eles: os solteiros, as mães de família, os dirigentes sindicais, os gerentes de banco, as donas de casa, os arquitetos, os líderes comunitários, os entregadores de jornal, os estudantes, os professores, os motoristas de táxi e assim por diante.

Naturalmente, gostaria de introduzir mais alguns exemplos, mais estratégias de mudança do cotidiano de "cada homem/mulher", mas não tenho o espaço necessário para isso. Não peço apenas compreensão para essa restrição assumida conscientemente, mas encorajo expressamente as pessoas a traduzir esses exemplos e estratégias para o próprio mundo. Espero que, ao ler este texto, as pessoas colaborem, comparando meu processo de pensamento com as próprias experiências e o preenchendo com exemplos sobre o pano de fundo da própria espiritualidade e do próprio mundo, na vida e no trabalho.

Para mim, em sua composição, as reflexões apresentadas não são produtos da teoria. Elas surgiram através do contato ao vivo com pessoas da Igreja, do cotidiano das paróquias, das dioceses e das comunidades das ordens religiosas. Minha atividade no aconselhamento de vida e no acompanhamento espiritual de sacerdotes e membros de ordens, de leigos envolvidos no serviço da Igreja, despertou em mim o estímulo de levar a sério o desejo de cura e de êxito em primeiro lugar, e de promovê-los "de acordo com todas as regras da arte psicológica e espiritual". Com isso, também ficou claro para mim que o êxito de nossa própria vida nunca é possível sem o êxito da vida da comunidade ao redor, do conjunto do mundo que nos cerca.

As reflexões a seguir cresceram ao longo do tempo, em suas ênfases e pontuações, como experiências sistematizadas, refletidas teoricamente com ajuda da psicologia e da teologia. Formulei-as de forma a poder assumir uma função *heurística, estimuladora de nosso pensamento ("Nach-Denken") e sentimento ("Nach-Spüren"),* tendo em vista momentos determinantes de nossa prática. Mas elas também oferecem opções e estratégias de mudança psicologicamente undamentadas, na medida em que existe o desejo ou a necessidade. Talvez surja a chance de ligá-los aqui e ali com nossas próprias xperiências, e encontrar percepções e interesses pessoais, inclusive ecessidades de mudança e possibilidades exemplares de realização.

Quero oferecer-lhes aqui *dez impulsos* úteis para nós seres humanos, como diretrizes e fontes de força em nossa busca de cura e ito na vida. O ponto de partida das reflexões a seguir é extraído dupla pergunta:

1. Quais são as reflexões interessantes sobre a psicologia da saúde que nos poderão levar a entender melhor o processo de desenvolvimento humano em direção à saúde e à doença?

2. O que vale a pena levar em conta quando queremos promover o desenvolvimento holístico saudável, portanto, a cura das pessoas?

Impulso 1

> Vale a pena tomar consciência da complexidade do ser vivo e afirmá-lo como base dinamizante da vida. Só assim a saúde e a doença podem ser adequadamente compreendidas pelo ser humano.

O mundo em que vivemos é um sistema vivo. Essa constatação marca uma das mudanças mais importantes no pensamento do século XXI e infiltra-se cada vez mais na vivência cotidiana das pessoas. A visão cartesiana de mundo, que o analisa, que o decompõe em suas partes para entendê-lo, está cada vez mais ultrapassada. Pois justamente as características dos seres vivos não podem ser entendidas por meio desse modelo. Em vez disso, parece-nos mais plausível, para a compreensão da complexidade do que é vivo, pensar em categorias de relacionamentos, redes e auto-organizações. Para que algo existente seja efetivamente entendido, deverá ser colocado no contexto do todo maior e ser entendido dentro desse horizonte.

Essa nova forma de pensamento, chamada de "pensamento sistêmico", vê as características essenciais de um indivíduo, assim como de um sistema vivo maior, como uma única unidade que não pode ser entendida por meio da somatória de suas partes. A totalidade de cada sistema, por exemplo, o sistema de uma família, de um parentesco, de uma empresa, de uma paróquia, de uma unidade de aconselhamento, de uma diocese ou congregação religiosa, existe apenas em função dos efeitos do intercâmbio e do relacionamento entre suas partes. A essência de uma sinfonia não é um conjunto de notas. As características essenciais dos sistemas vivos se perdem quando desdobramos a estrutura em suas partes e depois tentamos observar essas partes isoladamente.

Há muitas razões para que o pensamento sistêmico também seja indispensável para a psicologia e a teologia. Justamente como ciências do ser humano vivo e dos sistemas sociais dos seres humanos vivos, elas poderão beneficiar-se de um horizonte de compreensão, no qual e leva em conta a complexidade dos processos e desenvolvimentos. Uma perspectiva como essa, da descrição e explicação do comportamento humano, destaca, do ponto de vista do desenvolvimento da personalidade, entre outros, os seguintes pontos importantes:

1. Pessoa e meio ambiente interagem numa relação de troca. O que interessa não é uma das duas grandezas, ou seja, a pessoa *ou* o meio ambiente, mas a complexidade do jogo conjunto de ambos.

2. O ser humano não é um autômato, como foi concebido (aberta ou veladamente) no âmbito do pensamento mecânico clássico. Ele não é produto de seus genes, nem apenas produto de seu meio (como, por exemplo, da educação recebida pelos pais na primeira infância e assim por diante). Para a compreensão do ser humano, precisamos de modelos construídos sobre grandezas que se influenciam mutuamente.

3. O ser humano é um organismo ativo, que se constrói e se regula a si mesmo; ele não só reage a estímulos, mas age direcionado a metas e orientado por significados.

4. Ao longo da vida, ocorre no ser humano uma constante evolução, a das estruturas simples para as mais complexas; essa evolução serve para sua adequação às condições modificadas de vida. Esse processo evolutivo não é contínuo e constante, mas marcado por progressos e retrocessos, por condições de equilíbrio perturbadas e recuperadas e pela criação de novos equilíbrios em outros níveis.

Se formularmos a pergunta: "O que adoece as pessoas e o que as torna sadias?", no âmbito dos aspectos apresentados, do pensamento sistêmico, em minha opinião evidenciam-se os seguintes fatores:

A saúde e a doença não podem ser reduzidas ao problema quase isolado de uma única pessoa; portanto, *não podem ser personalizadas*. O fato de alguém se desenvolver saudavelmente ou adoecer depende, na verdade, de um jogo interativo entre o indivíduo e seu meio. Este último inclui também – mas não apenas – a família, a paróquia, a diocese, a congregação, a comunidade. Neste cenário, a pergunta – muitas vezes formulada alternativamente – de quem seria "culpado" pelas deficiências, pelo fracasso ou até pelas doenças, se seria o indivíduo ou a comunidade, mostra-se totalmente inadequada. O "culpado" não é apenas o indivíduo nem apenas a comunidade. Deveríamos renunciar a esse tipo de atribuição de culpa, por razões psicológicas (e certamente mais ainda teológicas).

O mesmo vale naturalmente para o êxito da vida, para uma saúde bem-sucedida; neste caso também ela é o resultado do jogo conjunto interativo. Teologicamente aponto para o axioma: "O céu está entre nós" (*Klaus Hemmerle*). O que se torna evidente é que as definições simples demais de saúde e doença não se sustentam. Por exemplo, explicar a doença de uma pessoa apenas a partir das feridas da infância seria simplificar demais. Doença e saúde são produtos do jogo interativo conjunto de um grande número, a princípio infinito, de características do indivíduo e de seu meio, com consequências positivas e negativas, num processo contínuo de longo prazo.

Só essa reflexão sistêmica simples já nos sensibiliza no sentido de assumir uma responsabilidade conjunta e continuada pela saúde e pelo êxito (e também pela saúde e pelo fracasso). A visão geral de que o desenvolvimento positivo da vida das pessoas é marcado por progressos e retrocessos pode assim também ter um efeito benéfico e de alívio para elas.

No geral, isso vale para todas as pessoas e para todas as situações da vida, inclusive para sacerdotes, membros de congregações, dioceses e comunidades, que, diante de fracassos biográficos, muitas vezes se debatem com a questão da "culpa", com muito dispêndio de energia interna e externa. Todo o mundo pode sempre dizer a si mesmo e aos outros: Não posso esperar que tudo sempre corra bem com minha saúde, em toda a minha vida. Os períodos de doença, mesmo de doenças graves, inclusive de problemas psíquicos, fazem parte do "estar vivo", e possivelmente também atingem meu "ser" humano. Podem transformar-se em momentos integrativos do desenvolvimento de minha personalidade e de minha abertura de horizontes como pessoa, sacerdote e membro de ordem religiosa.

Impulso 2

> Vale a pena, no interesse da promoção da saúde, evitar o pensamento e a ação de acordo com o conceito clássico de patogênese.

O que definimos hoje como "sistema de saúde" é em sua essência um "sistema de doença". Desde o século XIX, ele se baseia no assim chamado "modelo biomédico de doença", das ciências exatas. Seu conceito de saúde é um conceito de doença e considera a sociedade como uma "sociedade do paciente". Da Antiguidade até o início da Era Moderna, a secular ciência da cura possuía uma visão holística de saúde e doença. Tanto na saúde quanto na doença, a pessoa era considerada em todas as suas características biológicas, psíquicas e sociais. Para os médicos antigos, a saúde e a doença eram uma questão de modo de vida, de estilo pessoal de vida. O que fez de Hipócrates e Galeno, como também de Hildegarda de Bingen, grandes terapeutas foi a *arte da dietética*, a disciplina do modo de vida. A alimentação, a influência da luz, do ar e da água, a alternância rítmica de trabalho e relaxamento, sono e vigília, o modo de lidar com os sentimentos e as emoções, o amor e a sexualidade eram todos incluídos num conceito integrado para a manutenção, o desenvolvimento e a recuperação da saúde.

No século XIX, houve uma significativa mudança de paradigmas. A medicina começou a utilizar os conhecimentos científicos das ciências exatas. Surgiu a possibilidade de se estudar o corpo humano por meio de seus diversos órgãos, separadamente, até mesmo as células, de uma forma cada vez mais detalhada e precisa. A descoberta de agentes patogênicos que penetram nas pessoas e causam as doenças, e seu posterior combate, passou cada vez mais ao centro das atenções. Com isso, a visão do ser humano pela medicina também mudou. Cada vez mais o ser humano tornava-se um organismo definido, quase que exclusivamente do ponto de vista biológico. Hoje, a partir da perspectiva médica, ele é entendido por muitos como uma espécie de máquina, cujas funções fisiológicas são perturbadas por causadores de doenças, portanto, agentes patogênicos. É tarefa dos médicos descobrir os processos patogênicos, interferir com medicamentos ou cirurgias e, assim, eliminar do mundo as doenças e também o sofrimento. Sob essa perspectiva, a doença torna-se uma perturbação da saúde.

Incontestavelmente, o modelo biomédico de doença promoveu um enorme progresso nas possibilidades de tratamento das enfermidades, e continuará promovendo. Os progressos da medicina moderna são imensos e nos garantem hoje uma longevidade e uma qualidade de vida impensáveis para as pessoas em geral. Os grandes sucessos da medicina também explicam porque, em nossas mentes, a saúde é tantas vezes definida como ausência de doença e, assim, sua conquista é reduzida ao simples tratamento dessas doenças. Essa importante limitação é tão pouco considerada, justamente porque até agora o modelo adotado parece ter sido muito bem-sucedido.

Mas há alguns anos já vem crescendo a noção de que o modelo biomédico de doença, patogenicamente orientado, possui *desvantagens decisivas*, das quais quero mencionar apenas algumas:

1. Em casos extremos, ele reduz as pessoas a máquinas biológicas, que no caso de avarias podem ser consertadas, e muitas vezes até precisam ser consertadas. O difuso mal-estar nessa moderna medicina de máquinas é um indicador da crescente noção de que as pessoas vivas, na verdade, precisam ser encaradas de forma integral.

2. Ele considera muito pouco as dimensões sociais, psicológicas e comportamentais da doença e menos ainda da saúde. Teoricamente, a evolução do modelo biomédico de doença a um modelo psicossocial é um progresso importante, mas que quase nunca se concretiza na prática.

3. Não oferece respostas satisfatórias às seguintes perguntas: Devemos definir a saúde como um estado em que não existe doença? O que ocorre com as pessoas que se sentem sadias, mas do ponto de vista orgânico-médico são

definidas como doentes? Ou como lidamos com nossos semelhantes que se sentem doentes, mas cujos exames sempre mostram que são organicamente sadios? Será que a doença pode ser benéfica para a saúde? As perguntas desse tipo podem ser diversificadas à vontade.

4. O sistema médico baseado no modelo patogenético é bem-sucedido, mas paradoxalmente se confronta com um número cada vez maior de doentes. As pessoas de nosso tempo ficam mais velhas do que no passado, mas não necessariamente mais saudáveis. Parece que, no caso, o que ocorre é o contrário: tornamo-nos uma *sociedade de pacientes*. Em função das capacidades cada vez maiores de diagnóstico, em um número cada vez maior de pessoas, mais doenças são diagnosticadas; mas, apesar de todo o progresso, as possibilidades de cura total, ou pelo menos parcial, no sentido médico, muitas vezes permanecem limitadas. Esse sistema direcionado à cura encontra-se num beco sem saída diante das doenças crônicas e, sobretudo, diante da idade cada vez mais avançada da população. A saúde para todos, no sentido médico, sobrecarrega cada vez mais a realidade econômica atual; ela se tornou cara demais. E ficou provado: afinal, a saúde nem é praticável.

5. Mas o sistema patogenético conhece uma saída, chamada "prevenção", que se utiliza da sabedoria do povo e diz: "prevenir é melhor do que remediar". Na prática, porém, e a partir da estrutura econômica, o sistema biomédico, na atual estrutura de nossa sociedade, tem uma capacidade muito limitada de praticar uma medicina preventiva abrangente e bem-sucedida. A prevenção psicológica no sentido da profilaxia das doenças psíquicas, das cargas emocionais e do estresse, praticamente não está prevista na atividade biomédica.

Naturalmente, o pensamento patogenético não existe apenas no campo da medicina, mas também no da psicologia. Em minha opinião, o frequente desconforto diante da psicologia remonta ao fato de ela ter lançado um olhar psicológico de raios X nos pontos fracos e nos problemas das pessoas. Possivelmente, isso também vale para algumas inserções na psicologia pastoral, bastante concretas para nosso contexto. Por exemplo, aquele que observar sacerdotes e membros de ordens primariamente sob a perspectiva da origem de suas deficiências (certamente também as existentes) raramente conseguirá encará-los como "pessoas normais, como eu e você", e dificilmente, inclusive às vezes só tardiamente, passará a ter um olhar para suas forças, seus talentos e possibilidades positivas de desenvolvimento. Uma perspectiva exclusivamente *patogenético-terapêutica*, no sentido mais estrito, também levaria a psicologia pastoral a um beco sem saída. Finalmente: imagino que seria significativo rever o pensamento teológico em geral, em seu excesso de estruturas de pensamento, no sentido de um modelo patogenético abrangente. Talvez obtivéssemos uma melhor compreensão do "por quê", no contexto da teologia e da Igreja, as pessoas de nossos dias muitas vezes acham o tema Deus bastante pesado e nem sempre um estímulo vital – totalmente em oposição ao evangelho da plenitude da vida.

Impulso 3

> Vale a pena adotarmos a perspectiva do conceito de salutogênese e perguntarmos como a vida de todas as pessoas pode ser enriquecida com ele?

Diante da crise do modelo patogenético de doença, sugere-se, para o campo das ciências da saúde, o modelo da salutogênese como um paradigma alternativo muito promissor. Inicialmente, a mudança na colocação da pergunta é decisiva para a adoção do novo paradigma. A pergunta determinante que precede tudo não é mais: O que nos adoece? Mas: O que nos torna sadios?

A mudança de perspectiva, partindo de um modelo patogenético, passando por um modelo de prevenção, até chegar ao modelo da salutogênese, pode ser muito bem ilustrada através da seguinte cena:

Imaginemos um rio. O rio é bastante largo e a correnteza é forte. A direção de nosso olhar é rio abaixo. A visão alcança uma curva e uma queda-d'água, atrás da qual o fluxo do rio desaparece ao olhar do observador. Ocorrem fortes turbulências, pois ali há águas profundas, rochedos e redemoinhos; o rio é muito perigoso. Justamente ali, onde existem turbulências, há pessoas dentro do rio que tentam desesperadamente manter a cabeça fora d'água, pois lutam por suas vidas.

Aquele que pensa patogeneticamente recrutará especialistas no tratamento de doentes (médicos, psicoterapeutas e assim por diante) e abrirá instituições correspondentes (hospitais, centros de terapia, instituições terapêuticas para sacerdotes e membros de ordens religiosas, e até locais e comunidades onde são abrigadas pessoas problemáticas e assim por diante). Técnicos e pessoas engajadas ajudarão os aflitos para salvá-los do afogamento, com um empenho digno de admiração e um grande número de instrumentos e complicadas teorias. Frequentemente elas têm êxito, mas às vezes não.

Já existem, porém, novas teorias que, diante das crescentes turbulências, criticam a "ilusão provocada pela visão rio abaixo". De acordo com essa crítica, deveríamos dirigir o olhar rio acima e formular a pergunta: Quem ou o que afinal atira as pessoas para dentro do rio? E sobretudo: Como isso pode ser evitado? Estes são o pensamento e a ação preventivos. Mas a tese da prevenção também não é nova. Buscam-se possibilidades de se evitar as doenças, mas não a promoção da saúde. Há possibilidades de prevenção para a doença, mas é impossível evitá-la totalmente. Portanto, o formato básico dessa visão permanece.

Só se estabelece uma verdadeira mudança quando se torna claro que, em princípio, todas as pessoas estão sentadas num mesmo barco. Na verdade, não podemos e não devemos diferenciar entre aqueles que mais ou menos, ao longo de toda a vida, permaneceram sadios, seguros na margem, e aqueles que, em função de uma combinação de circunstâncias lamentáveis e fatais, caíram nas turbulências e redemoinhos da doença.

Pensar salutogeneticamente quer dizer adotar a seguinte perspectiva: ao longo de suas vidas, todas as pessoas se encontram no rio vivo de seus processos de desenvolvimento. Desde a concepção até a morte, todas estão igualmente submetidas à dinâmica da vida, a seus altos e baixos, a seus lados claros e escuros. Viver é ao mesmo tempo mortal e vital. Ninguém permanece sempre sadio, e ninguém é tão doente a ponto de não estar sadio também. O verdadeiro segredo diante do desafio perigoso e fascinador, que se chama "viver", é o seguinte: Afinal, como é que muitos de nós, surpreendentemente, gostam tanto de suas vidas, amam-nas, administram-nas tão bem, superam os perigos da própria existência e até crescem nas doenças e crises, chegando ao final sadios e realizados. O segredo da saúde é maior que o problema da doença e de como evitá-la.

O pensamento salutogenético é definido pelas seguintes características:

> 1. Quem pensa salutogeneticamente aprende, sobretudo, a se espantar diante da variedade de possibilidades de que dispõe para controlar sua vida. O olhar se desvia das deficiências e é atraído por potenciais e capacidades das pessoas.

2. Quem pensa salutogeneticamente evita o pensamento que discrimina entre sadios e doentes. Saúde e doença são um único *continuum*. Em qualquer momento de suas vidas, as pessoas devem ser consideradas integralmente: elas estão no processo constante de evolução saúde-doença e doença-saúde no transcorrer de suas vidas. Isso vale igualmente para a vida como um todo; êxito e fracasso do projeto de vida.

3. Quem pensa salutogeneticamente dá atenção total para a promoção de todos os processos que possibilitam a superação dos desafios da vida. A vitória sobre todas as doenças é uma utopia. Porém, o que não é utopia, mas é realista e desejável, é o empenho de todas as forças do corpo, da alma e do espírito, dos potenciais do indivíduo e da sociedade para o desenvolvimento daquelas forças que movimentam as pessoas e a sociedade, no *continuum* de saúde e doença, em direção ao pólo da saúde. Não me entendam mal: as perspectivas patogenética e salutogenética não se excluem mutuamente, mas são *complementares*. Ajudar pessoas doentes é, e continua sendo, um de nossos objetivos mais importantes. Portanto, é certo que precisamos dos dois modelos. Mas todas as pessoas, tanto doentes quanto sadias, lucrariam da mesma forma se o pensamento salutogenético pelo menos fosse igualado aos outros. Do ponto de vista da melhoria da saúde, estão todos no mesmo barco. Finalizando, quero – talvez um pouco temerariamente – dirigir o foco para a teologia e a espiritualidade. *A perspectiva salutogenética é uma perspectiva basicamente positiva do mundo e da vida.* Ao mesmo tempo ela possui, a partir de sua dinâmica, a capacidade de integrar em si as limitações das criaturas. Por exemplo, ela me lembra o

relato da Criação, no Gênesis: "Deus olhou para tudo o que criara e disse: é muito bom" (1,31). As deficiências do mundo e das pessoas são uma *privatio boni*, talvez uma grande perda da qualidade do que é bom, e como tal inserida num movimento em que se revela a ação de Deus (cf. João 9,1-12). Portanto, não há razão para adotarmos uma perspectiva de deficiências diante da vida. A doutrina da criação, da redenção e da graça explica isso teologicamente, a liturgia o traz na oração: Deus criou o mundo maravilhosamente, e mais maravilhosamente ainda o renovou.

4. Além disso, aquele que pensa e sente salutogeneticamente poderá encontrar sua identidade, por exemplo, na parábola da semente de mostarda e da semeadura que cresce por si só, no relato dos talentos e de todos os eventos nos quais Jesus descobre potenciais de vida e de descendência em nós seres humanos. E também nas muitas histórias nas quais Jesus cura pessoas, simplesmente porque elas têm o desejo de uma vida sadia, integral. O pressuposto para que Jesus se dedique à cura não é necessariamente a existência da doença, mas o fato de a pessoa ser humana, ter o desejo justamente de crescer nesse ser humano em direção a Deus e tornar-se viva. Nesse sentido, a perspectiva salutogenética representa a *perspectiva da evolução da cura,* e uma constatação fundamental e, talvez, às vezes, também o deslocamento ou a ampliação do horizonte teológico e espiritual de nosso pensamento e de nossa ação. Do ponto de vista psicológico, "ser" humano é algo que necessita da perspectiva permanente da "plenitude da vida" a nós doada, para não sucumbirmos à resignação, a uma ilusão de praticabilidade, ou a uma sobrecarga de esforços.

Fundamentado teológica e espiritualmente, o modelo salutogenético estimula o famoso e indispensável modelo de um "tratamento terapêutico da alma" para todas as pessoas, sadias e doentes, sem voltar a considerar e decodificar o ranço terapêutico às vezes apertado demais. Captar essa visão holística não é difícil, e nesse ponto ela não precisa de nenhuma outra ilustração. Mas para mim ainda é importante fazer uma dupla observação:

Primeiro: O "astral" nas dioceses e congregações, até na igreja inteira, poderia modificar-se e tornar-se mais positivo, se fosse possível nos deixarmos convencer dessa forte perspectiva de crescimento da cura.

Segundo: O "astral" no estado e na sociedade também seria mais relaxado e aberto ao futuro, se a fixação nos problemas e deficiências fosse substituída pela concentração nas chances, nos potenciais e nas possibilidades de desenvolvimento, principalmente quando os recursos forem tornando-se cada vez mais escassos. Isso se encontra materializado exemplarmente em diversas opções e estratégias da Organização Mundial da Saúde (OMS), que adotou o pensamento e a ação salutogenéticos, fazendo deles um programa próprio.

Impulso 4

> Vale a pena observarmos melhor importantes conceitos psicológicos de saúde e suas consequências: sentimentos de coerência, autoconfiança, capacidade de resistência e otimismo.

Desde o início, a psicologia investiu muita energia para descobrir as características de personalidade importantes para a saúde do corpo e da alma. A psicologia da saúde também aderiu expressamente à busca pelas características e atitudes que promovem a saúde. Não é de se admirar que se revelem características já conhecidas, que a razão humana sadia há muito já definiu como típicas de pessoas sadias. O inédito nesses resultados é que essas características mostram contornos mais nítidos, e já temos um melhor conhecimento de como promovê-las. Pretendo aqui entrar nos detalhes de quatro dessas características. Elas têm em comum o fato de se tratar de características de personalidade típicas, mensuráveis, promotoras de saúde. São concebidas de maneira ampla; às vezes elas se sobrepõem, mas apresentam suficientes pontos de diferença.

1. Sentido de coerência

Essa característica implica numa *postura básica de confiança e de esperança na vida.* É uma espécie de perspectiva geral de percepção do mundo, que parte do princípio de que as coisas na vida vão evoluir em direção a um bom final. É uma espécie de sentido para a consistência do mundo e da vida, um "estar ancorado" na estrutura profunda do que é vivo, ou na boa vontade de Deus (= *religio*) ou do destino.

O sentido de coerência possui três componentes, que podem ser diferenciados, mas nunca separados entre si: *compreensibilidade, administrabilidade e significância.*

Juntos, eles têm uma tripla função para o ser humano:

– criar um significado para a vida, inclusive em seus aspectos mais difíceis;

– confiar num grande número de possibilidades de conseguir administrar a vida, usando as próprias possibilidades e a ajuda dos outros; e finalmente,

– a motivação de tomar a vida nas próprias mãos e relacionar-se com o mundo por meio da doação e do envolvimento.

O sentido de coerência da pessoa leva um bom tempo para crescer ao longo da vida. Ele pode ser estimulado, mas também refreado: menos pelas palavras do que pelas experiências reais da pessoa. Ele depende da criação de ambientes do entorno – na família, no local de trabalho, na igreja e na sociedade – onde haja entendimento e que possa ser gerido com os próprios meios. Para se assumir um processo de gestão é preciso valer a pena. Concretamente isso representa, por exemplo, a transparência nas estruturas de comunicação e decisão, o estímulo da formação, visando o fortalecimento da competência social e profissional, e finalmente a criação da possibilidade da experiência real, no início com pequenas coisas, de que o próprio mundo, pequeno ou grande, é passível de transformação por meio da capacidade e da mobilização, e não é regido apenas pela vontade de poder ou pelas estruturas não palpáveis.

2. Autoconfiança

Por mais trivial que nos pareça o conceito da autoconfiança, vale a pena olharmos mais de perto o que ele significa neste caso. Por trás dessa palavra, existe a abrangente teoria da autoeficácia. Isso quer dizer o seguinte: há uma diferença entre saber, por princípio, como um problema deve ser solucionado, ou estar convencido de poder solucioná-lo sozinho. Só quem está convencido de poder realizar por si mesmo determinado procedimento, vai também realizá-lo. A confiança na própria capacidade de ação é obtida de diversas formas: pela própria experiência, pelo aprendizado baseado em um modelo, pela experiência de ter coisas confiadas a mim pelos outros.

Pessoas que possuem uma elevada autoconfiança, no sentido de uma elevada autoeficácia, têm uma considerável motivação para tomar a vida nas próprias mãos e administrá-la. Isso também vale para a própria saúde, pois a maior parte das pessoas sabe melhor o que faz bem a elas. Portanto, vale a pena, da melhor forma possível, fortalecer a confiança nas capacidades de ação das pessoas, em nossos ambientes, em nosso local de trabalho, em nossas paróquias, dioceses e comunidades. Um importante pressuposto para isso são a autonomia e os espaços de atuação, para nós mesmos e para nossas tarefas.

3. Capacidade de resistência

A capacidade de resistência, como uma característica da personalidade, pertence ao grupo de fatores de proteção da saúde. Ela é um exemplo padrão para uma característica de personalidade relevante para a saúde. Podemos também explicá-la como persistência e tenacidade. Por seu lado, essa característica da personalidade também é composta de três subcaracterísticas:

– *Desafio*: quem é resistente possui a capacidade de entender as necessárias transformações que ocorrem na vida, mais como desafios positivos do que como sobrecargas. As dificuldades são um desafio primário para o crescimento pessoal e uma chance de aprendizado.

– *Controle*: quem é resistente age principalmente com o objetivo de assumir a responsabilidade pela própria vida e de manter o controle sobre as condições de vida. Ele ou ela também se sentem capazes de agir por iniciativa própria e com eficácia.

– *Envolvimento*: quem é resistente tende a se doar no que for preciso. Envolvimento e identificação são forças pessoais, seja nos relacionamentos sociais, no trabalho, e finalmente seja também, e principalmente, na fé pessoal.

4. *Otimismo*

Constatar que o otimismo é importante para um desenvolvimento positivo da personalidade e para a saúde da pessoa, possivelmente, poderá parecer mais banal do que é de fato. O conceito psicológico de otimismo adquire seus contornos em função do confronto das pessoas com os obstáculos que surgem ao longo de suas vidas. Pessoas otimistas possuem expectativas de acontecimentos geralmente positivos para suas vidas. Ser otimista significa poder dizer: as coisas em minha vida vão dar certo. Não é importante saber no que se baseiam essas expectativas; pode ser na eficácia pessoal, na crença num ambiente benéfico, na certeza da ajuda de outros ou na convicção religiosa.

Do ponto de vista psicológico, é necessário diferenciarmos entre o otimismo improdutivo, que nos leva ao risco ou à passividade, e o útil, que nos motiva à ação. A pesquisa sobre o otimismo mostrou um resultado muito interessante: a característica elementar da pessoa sadia não é um realismo claro, mas a tendência positiva de enxergar a si mesmo, o mundo e o futuro sob uma boa luz. Além disso, em comparação com pessoas doentias, que muitas vezes enxergam o mundo "realisticamente" demais, as pessoas sadias possuem (demonstrado empiricamente) uma espécie de *ilusão de coisas saudáveis, positivas.* Em outras palavras: aquele que – psicologicamente fundamentado – quiser promover o êxito da vida deve ajudar os outros a *superestimar um pouco* as possibilidades pessoais de influenciar a própria vida e os acontecimentos do mundo, o próprio destino, o êxito na vida e na saúde, e depois colocar mãos à obra, agindo corajosamente.

Impulso 5

> Vale a pena dedicar uma atenção especial às fontes estruturais de forças vitais positivas: consistência das experiências de vida, equilíbrio entre subcarga e sobrecarga, participação em eventos decisórios.

A estrutura do interior de cada pessoa, a visão geral de vida que, perceptível ou imperceptivelmente, de momento a momento e de ano a ano, direciona a dinâmica de desenvolvimento da vida ao êxito (ou às vezes infelizmente também ao fracasso), forma-se por si mesma ao longo da vida. Até a idade adulta, ela se desenvolve sobre um fundo de padrões culturais e estruturais. Então surge a pergunta: Quais são os sinais de identificação e as estruturas de padrões, aos quais se devem dar uma atenção especial, quando queremos promover o desenvolvimento da saúde das pessoas, principalmente também das pessoas no âmbito da Igreja?

Primeiro, vamos reconhecer: mesmo fundamentadas e justificadas, isto é, confirmadas empírica e conceitualmente, sabemos muito pouco quais são as forças estruturais da vida que, em sua maioria, formam a dinâmica da saúde e do êxito da vida de uma pessoa. Infelizmente, também na psicologia, às vezes se tem a impressão de se saber melhor das coisas do que sabemos de fato. Mas algo se tornou bem evidente, justamente por causa dos conhecimentos recentes da pesquisa sistêmica: as fontes da dinâmica da saúde não podem restringir-se apenas ao indivíduo e a sua história individual no âmbito familiar. Em relação ao significado da infância, as novas pesquisas mostram o resultado realmente aliviador de que as pessoas não estão condenadas a sofrer a vida inteira por causa das feridas infligidas na infância. No entanto, parece que acontece justamente o contrário: *a força promotora de vida das experiências negativas* é um potencial que pode dar alento para a promoção de uma vida plena e feliz. O fato de uma pessoa se desenvolver na direção da saúde ou da doença não é, em primeira linha, o resultado das experiências da criança com seus pais, mas sobretudo também um *produto das condições de vida contextuais, sociais e histórico-culturais*, e isso na vida toda. Parece-me importante relacionar isso explicitamente à consciência, justamente no contexto eclesiástico. Portanto, aquele que declara a saúde (ou a doença) unicamente como uma questão exclusiva da pessoa considerada defende aquele processo funesto que, nos círculos especializados, ficou conhecido como *blaming the victims*, ou "culpando a vítima".

Mais uma vez a pergunta: Quais são os fatores que limpam ou sujam a água dos diversos rios nos quais nadamos – cujas características são determinadas por condições físicas, históricas, socioculturais e também eclesiásticas? Quais são as forças que atiram algumas pessoas em correntezas e turbulências, ao longo de suas vidas, mas que deixam a maioria delas nadar tranquilas, relaxadas e felizes?

Na psicologia da saúde, existe atualmente a tentativa de uma resposta que, em minha opinião, justamente no contexto da situação atual da Igreja e da sociedade, possui uma relevância especial. O conjunto estrutural das forças promotoras de saúde consiste de três características: *a consistência (compatibilidade e conformidade)* das experiências de vida; o *equilíbrio entre subcarga e sobrecarga;* e finalmente a *participação em eventos decisórios.*

Conformidade das experiências de vida

Ao longo de toda a nossa vida, nós, pessoas, dependemos sempre da experiência de que nossa vida é uma totalidade, e não se desdobra em suas partes componentes. Para isso, precisamos da base e do cenário de fundo de um mundo, cujo conteúdo de surpresa e também de imprevisibilidade não possa tornar-se muito grande. No interesse de sua saúde física, psíquica, espiritual e mental, todas as pessoas, inclusive sacerdotes e membros de ordens religiosas, têm o direito de administrar as próprias condições de vida e, sobretudo, de controlar os resultados das próprias ações. O decisivo para isso são as características e o comportamento do entorno social. Podemos saber concretamente quando isso ocorre, por exemplo, nas respostas às seguintes perguntas: Um membro de uma comunidade consegue fazer previsões adequadas e realmente satisfatórias sobre o que provavelmente acontecerá com ele nos próximos momentos, ou até nos próximos anos, a partir de sua comunidade? Ou: No geral, um sacerdote pode confiar num comportamento transparente de seus irmãos ou dos superiores responsáveis? Ele pode planejar a partir disso? Ou essas pessoas se comportam hoje de um jeito e amanhã de outro?

Equilíbrio entre subcarga e sobrecarga

Para todas as pessoas, inclusive aquelas que se decidiram a seguir Jesus, existe uma *critical tolerance load* determinada individualmente, um limite crítico de carga nas duas extremidades do espectro de carga. Existe um demais e um de menos. Do nascimento até a morte, as exigências da vida são desafios à capacidade de elaboração da carga da pessoa. Em contraste com a consciência cotidiana diante do estresse, a psicologia enfatiza que as exigências, e até as cargas, são absolutamente necessárias para a ativação das capacidades humanas, e até devem ser encorajadas. Concretamente: sacerdotes e membros de ordens religiosas podem estar sobrecarregados ou até subcarregados. Às vezes, os responsáveis têm assustadoramente poucos, às vezes, no entanto, até demais escrúpulos em abordar seus irmãos e irmãs para saber quais são seus desejos ou necessidades. Psicologicamente vale dizer: desafiar as pessoas e confrontá-las com cargas é perfeitamente normal e adequado. Só se torna problemático quando ocorre uma desproporção na estrutura das exigências: as pessoas precisam primeiro da experiência de ter sido desafiadas em seus próprios talentos e potenciais originais.

Uma pessoa, que pode concretizar seus carismas em planos importantes da vida, em geral também consegue lidar com desafios problemáticos para ela. Mas frequentemente há uma sobrecarga em âmbitos da vida, nos quais a pessoa é menos qualificada, e em contraste com isso uma subcarga ali onde ela, na verdade, se sente forte. Essa desproporção inibe um desenvolvimento positivo da saúde. Constato frequentemente uma desproporção como essa, percebida subjetivamente, em sacerdotes e membros de ordens religiosas; via de regra, eles consideram essa desproporção como uma responsabilidade das estruturas eclesiásticas. Estou convencido de que justamente na situação da Igreja hoje, a forma – em geral considerada como "tapa-buraco" – com que as dioceses e as congregações lidam com a situação problemática do pessoal pode ter a longo prazo uma influência negativa no equilíbrio entre sobrecarga e subcarga.

Participação em eventos decisórios

Muitas vezes, uma vida é consistente e equilibrada; mas a questão permanece: Será que também vale a pena viver? E essa pergunta é respondida quando uma pessoa tem a impressão de poder escolher e realizar. Nenhuma pessoa pode permanecer sadia a longo prazo se não tiver a impressão de poder ter uma influência criativa sobre a própria vida, nas decisões e nas ações. Isso vale do mesmo modo para maridos, mães sozinhas, desempregados, trabalhadores da linha de montagem de fábricas, executivos e assim por diante. Aquele que continuamente passa pela experiência: "Eu sou tão fraco diante de tudo!" é levado a deixar escorrer pelas mãos o êxito da vida. E isso traz a doença. Aquele que quer viver sadio e saudável precisa, para o êxito de sua vida, da experiência recorrente de achar que: "Eu estou com minha vida nas mãos, naqueles aspectos importantes para mim!"

Um exemplo de minha prática de aconselhamento: há sacerdotes e membros de ordens religiosas para os quais a própria vida permanece a vida toda a distância. Eles podem ser superiores, padres ou até algo mais elevado: permanecem basicamente representantes, vigários da própria vida. As pessoas – também e justamente aquelas que fizeram votos, muito obedientes – deveriam em prol da saúde passar pela experiência de conseguir administrar ativamente o processo decisório em relação à própria vida. Isso vem ao encontro daquele aspecto de um conceito espiritual de obediência, que coloca o voto vitalício de obediência no ponto central desse conselho evangélico. Não é suficiente, do ponto de vista psicológico e muito menos espiritual, ter sido inquirido um dia, envolvido em uma posição qualquer, de um jeito qualquer. Naturalmente, há necessidades indispensáveis de uma diocese ou congregação que precisam ser cobradas ou satisfeitas em casos individuais. Mas, para o desenvolvimento da saúde, continua sendo decisivo que as pessoas na Igreja – como em todos os lugares – aprovem as regras e as tarefas de suas vidas, possam afirmá-las conscientemente em função de um objetivo (mais elevado?), para que elas adquiram um poder de implementação adequado e para que suas ações e não ações tenham um efeito sobre o todo – inclusive em relação às decisões dos responsáveis. Sua atividade, seu envolvimento e sua doação para os desafios e encargos têm o direito a um *feedback*, ao reconhecimento e à dignificação social.

Conformidade, equilíbrio entre sobrecarga e subcarga e participação em eventos decisórios naturalmente não são apenas âmbitos de vida críticos no mundo das ordens religiosas. Cada cidadão, cada cidadã de uma sociedade, cada membro de uma empresa ou de uma associação, cada membro de uma família e até mesmo cada solteiro vão sempre vivenciar como é importante sublinhar positivamente as seguintes afirmações:

1. O mundo de minha vida é uma totalidade. Eu o entendo. Eu posso afirmá-lo.
2. Sou desafiado positivamente em meus talentos. Consigo lidar com minhas cargas, que vêm a meu encontro no contexto de minha vida.
3. Sou solicitado em minhas possibilidades e talentos. Posso escolher meus objetivos e posso influenciar ativamente meu espaço ao redor.

A gestão das condições estruturais dos "espaços que propiciam o êxito" não é uma coisa secundária. Pelo contrário: a vida de um indivíduo só vai desenvolver uma dinâmica positiva quando as estruturas do espaço ao redor estiverem em conformidade. As modificações estruturais positivas valem o empenho de um grande esforço.

Impulso 6

> Vale a pena convencer sempre a si mesmo e aos outros de que os inevitáveis fatores de estresse e as sobrecargas da vida muitas vezes apresentam desafios benéficos para o crescimento e o amadurecimento em direção à saúde.

Todos falam de estresse. O estresse parece ser um daqueles fenômenos que atrapalham muito as pessoas de hoje, no caminho de sua autorrealização e de sua sonhada felicidade.

A queixa de estresse também vem à tona rapidamente entre sacerdotes e membros de ordens religiosas – quando prestamos bem a atenção, talvez mais ainda do que em outros grupos de nossa população. Responsáveis de dioceses e congregações percebem em si mesmos e em seus irmãos e irmãs como o limite de sobrecarga muitas vezes é atingido e frequentemente até *ultrapassado*.

No entanto, para um observador sereno, que reflete sobre os fenômenos, nessa constatação há implícita uma pergunta, expressa ou não expressa: Será que isso tudo é realmente tão pesado quanto se acha que é?

Em inúmeros estudos, a pesquisa sobre o estresse na medicina e na psicologia demonstrou que ele pode ter consequências bastante negativas. A relação do estresse com efeitos físicos e psíquicos negativos é tão inevitável que está presente até na consciência do dia a dia da população de hoje. E para sacerdotes e membros de ordens religiosas poderíamos acrescentar: para a vida espiritual o estresse também tem enormes consequências, que até agora quase não foram levadas em conta e pesquisadas. Com essa sobrecarga real ou hipotética, o que muitos frequentemente deixam no meio do caminho, em primeiro lugar, é sobretudo a oração. Assim, um elemento muito importante da própria vocação, e um valioso remédio antiestresse, é sacrificado, dando lugar às falsas opções e necessidades de pouco valor. Nos últimos anos, a pesquisa sobre a saúde formulou uma nova pergunta no âmbito do estudo salutogenético, que supostamente levará a uma reabilitação do estresse quanto a seu significado para o mistério da saúde humana. A pergunta é muito simples: *Diante da multiplicidade das pressões inevitáveis da vida, como é que as pessoas em geral conseguem desenvolver-se tão saudavelmente?*

Por exemplo, é evidente que na ausência de agentes causadores da tuberculose ninguém contrai a doença. Mas, da mesma forma, será que na ausência de determinados fatores de estresse as pessoas realmente permanecem sadias, ou até se desenvolvem produtivamente em direção à saúde? Ou, então, será que certamente alguém que consegue evitar um ou outro estressante, ou um grupo de estressantes, poderá encontrar outros estressantes que não foram imaginados ou previstos, ou cujos efeitos nocivos ainda não são conhecidos? Podemos partir do princípio de que estressantes existem sempre e em todos os lugares. Um mundo totalmente livre de estresse não só é impensável, mas também realmente mortal. Supostamente não há ninguém que não teve vários eventos de estresse na vida, suficientes para o surgimento de doenças. Mas justamente essas pessoas, que efetivamente poderiam ser "sobrecarregadas", muitas vezes se desenvolvem saudavelmente. Isso depende do quê?

Provavelmente, a causa é que em sua maioria os estressantes só se tornam estresses quando são *avaliados,* num processo consciente ou inconsciente, como negativos e pesados. Quem é confrontado com um estressante inicialmente não entra – se observarmos com mais precisão – em um estado de estresse, mas em um estado de tensão. As tensões podem levar ao estresse, mas isso não precisa necessariamente acontecer. O que é decisivo para a passagem da tensão ao estresse é o processo de avaliação pessoal ou social. Só ele determina se um estressante é grave, irrelevante ou neutro, ou desafiante e até animador, e por último até salutar. Há estressantes que quase nunca, ou dificilmente, podem ser avaliados positivamente, mas via de regra a qualidade do estresse de um acontecimento depende da postura criada por um indivíduo ou um grupo no próprio processo de desenvolvimento, no caso, portanto, um sacerdote, um membro de ordem religiosa, uma diocese, uma comunidade ou até a Igreja, em seu conjunto.

A psicologia da saúde propõe que se encarem os estressantes primeiro como *desafios*, que foram exceções agravantes, sejam de efeito neutro ou promotores de saúde. O que existe contra se encarar primeiro os estressantes como promotores de saúde? Seria impossível imaginar-se que os estressantes possam ser vistos como desafios, estimuladores de vida, e que até contribuam para o êxito de minha vida? Efetivamente, pode-se *aprender* a não ver a vida apenas como uma carga indesejável de problemas e conflitos; e mesmo quando há conflitos e problemas, eles podem contribuir para a vida com seu próprio encanto, ou até dar um empurrão para a maturidade.

Os fatores decisivos para o processo de mudança da tensão em estresse, ou então na direção de um acontecimento que promova a saúde, são a disponibilização e a ativação de recursos salutares e as forças de resistência. É muito interessante que na língua inglesa exista o termo *salutary resources*, um conceito para o que pretendemos dizer acima, e que em sua transposição ao alemão contém uma conotação quase religiosa, talvez mais do que casual; são as *heilsamen ressourcen* (recursos salutores), que nos possibilitam lidar com os inevitáveis fatores de risco da vida, promovendo a saúde.

Espantosamente, a psicologia percorre um caminho paralelo à mensagem do evangelho, partindo do princípio de que em geral as pessoas podem lançar mão de recursos e talentos suficientes para dominar os elementos estressantes e fazer algo com a própria vida. Para isso, duas coisas são importantes: primeiro, a capacidade de compensar a falta de determinado recurso por meio de recursos substitutos existentes. Segundo, a possibilidade, a capacidade e a oferta de lançar mão dos recursos dos outros – portanto, os talentos e os carismas de amigas e amigos, dos membros da família, dos colegas de trabalho, dos irmãos e irmãs da ordem, da paróquia, da comunidade e *certamente também das fontes de fé.*

Recursos salutares são potenciais que esperam ser ativados. Um antibiótico só funciona quando é tomado corretamente. Os recursos salutares só possuem uma forma energética quando são efetivamente empregados. Com isso, tanto na sociedade como na igreja, estamos diante do desafio de criar um clima no qual não só é possível ou permitido, mas até desejável, usar criativamente os talentos próprios e os dos outros. Nesse caso, a comunidade da Igreja, de modo especial a partir de sua estrutura e de seu próprio desejo, vê-se como um *espaço de fornecimento de "recursos salutares"* (falando teologicamente: como um espaço de graça, de sacramento). Só precisaríamos aprender, e nos ajudar mutuamente, a utilizar esse país em que jorram o leite e o mel.

Impulso 7

> Vale a pena estimular em si mesmo e nos outros todas as características de personalidade e comportamentos que promovem a vivência do crescimento para a vida e seus respectivos desafios.

A saúde de uma pessoa é uma unidade dinâmica de saúde física, emocional, mental e espiritual. Nos últimos tempos, a psicologia da saúde enfatizou principalmente que a saúde emocional só pode ser entendida adequadamente quando também se leva em conta a dimensão física e mental-espiritual.

A maioria das pessoas, na verdade, sabe exatamente como promover a saúde do corpo (mesmo quando elas não se cuidam, na realidade do dia a dia). E assim, nos últimos tempos, muitas pessoas – graças a Deus também conselheiros e conselheiras – descobrem cada vez mais como é necessário e como faz bem valorizar o próprio corpo como uma dádiva preciosa de Deus, cuidar dele e não encará-lo apenas como uma ferramenta muda que existe para nos servir, ou até um mal necessário. Mas como vai a saúde emocional? O que é na verdade saúde emocional? Com quais meios e estratégias a saúde emocional pode ser estimulada? Há tantas definições e descrições de saúde emocional quanto vertentes psicológicas. A formulação até agora mais conhecida é a seguinte: "ter saúde emocional significa poder amar, trabalhar e usufruir" (*Sigmund Freud*).

Com referência a essas reflexões, quero apresentar mais uma "definição" de saúde emocional que pode não ser tão plástica, mas possui a vantagem de poder ser bem traduzida em estratégias concretas de ação. Ela se torna especialmente útil quando temos a intenção de promover a saúde concretamente, nos espaços em que vivemos (família, trabalho, igreja, sociedade). Seu enunciado é o seguinte: "Saúde emocional é a capacidade de lidar com as exigências internas e externas". Concretamente, quando alguém pode dizer: "Sinto-me na verdade capaz de lidar com a vida e suas dificuldades!", ele ou ela dispõe, com toda a probabilidade, de uma boa perspectiva e bons pressupostos para uma vida bem-sucedida e saudável. Muitas pesquisas científicas foram compiladas com base nessa descrição orientada sistemicamente à ação. Elas resultaram na descoberta de uma série de habilidades comprovadas e comprováveis para se lidar com as exigências internas e externas, habilidades que são características das pessoas emocionalmente saudáveis. Para podermos promovê-las concretamente em nós e nos outros, não precisamos ser psicólogos especializados ou terapeutas. Em relação a essas características relevantes para a saúde, qualquer um de nós que tenha uma razão humana saudável pode fazer um julgamento e trabalhar no desenvolvimento dessas competências. Sem nenhuma pretensão à perfeição, reuni uma vez *dez competências, ou direções de crescimento:*

1. O que promove a saúde é a percepção do meio de forma realista, em grande escala e em seu todo, e viver com limites. Isso inclui, de modo especial, a capacidade de ver realisticamente as exigências das expectativas dos papéis sociais e de lidar adequadamente com eles. Dois exemplos concretos: a) Sacerdotes e membros de ordens religiosas precisam aprender a se colocar diante das exigências das pessoas e da estrutura social (portanto, também em suas dioceses e comunidades). Promover e cobrar esse processo de aprendizado, no sentido do desenvolvimento da saúde, é nesse momento um grande desafio dos responsáveis em dioceses e congregações de ordens religiosas; para isso, precisa-se de intuição, força de argumentação e certa obstinação. b) Pais de família, mães de família, mas também crianças e jovens precisam aprender que sua autorrealização está inserida num contexto social com expectativas em relação a seus respectivos papéis. Suas exigências de espaço não podem crescer até o céu, mas devem medir-se pelos recursos limitados disponíveis na família e na sociedade. Percepção realista também é: enxergar limites e colocar limites.

2. O que promove a saúde é poder integrar as experiências de vida na autoimagem. Aquele que quiser viver saudavelmente precisa de uma imagem da própria pessoa o mais completa possível, e não apenas de alguns aspectos avulsos.

3. O que promove a saúde é desenvolver nosso próprio sistema saudável e flexível de valores, com cuja ajuda possamos determinar nosso comportamento e nossa vivência. Quem não possui um sistema próprio de julgamento, torna-se dependente do julgamento dos outros.

4. O que promove a saúde é a aquisição de competências o mais possível abrangentes, nos diversos âmbitos da vida. A isso pertencem:

– Capacidades gerais de resolução de problemas ("normalmente consigo fazer as coisas sozinho, e sei me virar!").

– Competências sociais: a capacidade de percepção, articulação e conversão de necessidades, sentimentos e interesses em convivência com os semelhantes, especialmente a autonomia e a criatividade também.

– Competências esperadas pela sociedade: cooperação, solidariedade, comportamento democrático.

5. O que promove a saúde é a evolução da capacidade de se dedicar a outras pessoas com afeto. A capacidade de amar e a autoestima estão intimamente relacionadas. As pessoas com elevada capacidade de amar mostram interesse por seus semelhantes, e nesse caminho ligam-se a uma das mais importantes fontes de significado.

6. O que promove a saúde é o exercício de uma capacidade de implementação adequada e socialmente aceitável e sua concretização no dia a dia: a capacidade da autoavaliação diante da autoridade, da autopostura dentro do grupo e a competência pessoal (não só conferida por um cargo eclesiástico) para assumir posições de liderança.

7. O que promove a saúde é poder satisfazer adequadamente as necessidades básicas essenciais da própria vida; disso fazem parte:

– as necessidades fisiológicas (na verdade, não problemáticas, exceto para pessoas viciadas em trabalho ou doentes psiquicamente);

– a necessidade de novas experiências e seu intercâmbio;

– a necessidade de concretização das próprias possibilidades, levando em conta as diferenças entre as pessoas;

– a necessidade de orientação e segurança, de controle sobre as próprias condições de vida;

– a necessidade de ligações, de apego consciente com outras pessoas (sobretudo irmãos e irmãs de congregação, amigos e amigas), de apoio por parte dos responsáveis da diocese ou dirigentes das ordens religiosas;

– a necessidade de atenção e reconhecimento da sociedade pelo que sou, como pessoa, e pelo que faço. O êxito como ser humano não é uma coisa óbvia.

8. O que promove a saúde é ter desejos para a vida pessoal, traçar metas para o desenvolvimento dos próprios projetos do dia a dia e trabalhar neles independentemente. Não deveriam, porém, ser apenas metas que coloquem a pessoa no centro, mas também que criem possibilidades de se dedicar a outras pessoas ou a tarefas com um envolvimento interior. As metas que excluem ou evitam âmbitos ou experiências de vida tornam-se problemáticas a longo prazo.

9. O que promove a saúde é o crescimento na capacidade de considerar valores, normas e regras sociais e lidar com elas, individualmente, de forma construtiva e relacionada a cada situação.

10. O que promove a saúde é desenvolver um equilíbrio entre a necessária estabilidade da pessoa e a necessária mudança, com base nas experiências de vida e nos retornos do meio.

Essa compilação bastante elucidadora de estratégias, competências e metas de crescimento promotoras de saúde pode deixar claro que a saúde emocional (e, além disso, o êxito da totalidade de nossa vida) consiste em *uma rede dinâmica e extensível de conhecidas características*. Promover essas características em si mesmo e nos outros é uma chance e uma tarefa não só restrita às pessoas especializadas, mas que pode ser realizada por nós todos em responsabilidade conjunta. Para que isso não se torne uma sobrecarga, naturalmente não é possível promover todas as características ao mesmo tempo. No entanto, a promoção de uma ou de algumas poucas características geralmente já produz uma reação em cadeia.

Falando mais uma vez sobre isso a partir de uma perspectiva diferente, de forma simplificada e resumida: além das competências meramente intelectuais, vale a pena promover, sobretudo, aquela competência básica, socialmente relevante, que vem sendo discutida há algum tempo sobre o termo *inteligência emocional*. Trata-se da ampla capacidade emocional-cognitiva de conscientização emocional, de autorrealização, de concretização de metas, de empatia e relacionamento com os outros.

Nesse contexto, é importante frisarmos ainda o seguinte ponto: a promoção e o desenvolvimento de uma pessoa na direção da saúde e do êxito holísticos estão ligados indissoluvelmente a uma promoção e a um desenvolvimento da personalidade na fé. O êxito holístico cresce também e principalmente por meio da *construção de uma competência espiritual*. Numa conversa há pouco tempo, uma pesquisadora da saúde e do estresse expressou-me sua firme convicção de que a moderna promoção da saúde, relacionada a um estilo de vida saudável, quase não pode passar muito por cima das grandes tradições espirituais antigas da Igreja.

Muito pelo contrário: parece que, nas ciências atuais sobre a saúde, se redescobre e se reformula o que na verdade há muito já se sabe, mas que infelizmente se perdeu na prática. Não deve ser difícil para nós encontrar as dez diretrizes de crescimento promotoras da saúde citadas acima, formuladas implícita ou explicitamente nas sabedorias de vida espirituais da Igreja e das regras de nossas ordens religiosas.

Do ponto de vista psicológico, afirma-se sobretudo o seguinte em relação à espiritualidade: ela precisa *ser vivenciada em relação à vida, ao dia a dia, e o mais concretamente possível.* Só quando a espiritualidade não permanece externa à pessoa, como um simples "conhecimento frio", mas é internalizada como um conhecimento sobre a vida, é que ela adquire uma relevância para a promoção da vida. Ela nos traz o caminho que leva ao ser humano integral diante de Deus. O tesouro do conhecimento espiritual sobre a vida, em nossa tradição, pode ser um estímulo para o desenvolvimento salutar integral do ser humano. E isso justamente porque a competência espiritual não é um objetivo autodirigido, mas um caminho de crescimento em direção a Deus, no qual a humanização integral do ser humano é acrescentada quase de graça.

Em outras palavras: a atual psicologia da saúde não nos impõe um conhecimento psicológico estranho, mas nos lembra enfaticamente daquilo que sempre foi importante para nós e nos exorta a reconsiderá-lo em nossos dias sob a perspectiva da promoção da saúde e sobretudo a transpô-lo a nosso cotidiano.

Impulso 8

> Vale a pena ativar e construir as relações sociais e o apoio social como prováveis fatores determinantes de promoção da saúde.

Tão velho quanto a humanidade é o conhecimento sobre o significado dos relacionamentos humanos para o desenvolvimento e a saúde das pessoas. Todo ser humano sabe "de algum modo" o quanto depende dos outros, e como faz bem ser amado, cuidado e apoiado. A ligação com pessoas de confiança e amigos, os encontros com parentes e conhecidos, o contato com colegas de trabalho e ajudantes profissionais fazem parte das experiências básicas da vida humana. Os relacionamentos sociais são normais; duvidosa não seria sua existência, mas sua ausência. E todos estão mais ou menos de acordo: o determinante nos relacionamentos sociais é que eles são bons para nós.

Justamente também a mensagem bíblica e a história da Igreja deixam claro como é realmente salutar estar inserido na comunidade com Deus, na comunidade com irmãos e irmãs de ordens religiosas. Para sacerdotes e membros de ordens religiosas, isso vale de maneira especial: quando eles se afastam da comunidade dos irmãos e irmãs, da comunidade dos seres humanos, perdem não só algo de sua humanidade, mas também um *elemento essencial de sua vocação.*

Na verdade, não cabe à psicologia enfatizar a importância dos relacionamentos sociais. Mesmo assim, vale a pena apresentar alguns resultados sob o aspecto da promoção da saúde, porque eles podem ajudar-nos a desenvolver *estratégias de promoção da saúde por meio de relacionamentos sociais.*

A psicologia da saúde já provou, de várias maneiras, que um contato satisfatório com outras pessoas e um sentimento seguro de acolhimento social se constituem em importantes fatores de proteção e promoção da saúde. As pessoas definham quando as isolamos; e, inversamente, novas pesquisas deixam claro que até as fases da vida e as situações mais difíceis podem ser bem superadas quando se têm à disposição bons relacionamentos, sobretudo de *pessoas em quem se confia muito.* Quanto a isso, em alguns estudos, ficou provado que justamente as pessoas não casadas, ou que vivem sozinhas – e isso inclui sacerdotes e membros de ordens religiosas, mas naturalmente também solteiros em geral – são especialmente vulneráveis quando lhes faltam a realidade e a sensação de uma inserção social autêntica. E inversamente poderíamos formular o seguinte: elas dependem muito *existencialmente* da formação e do cultivo consciente de relacionamentos sociais. Os solteiros sentem isso com muita clareza; eles vivem sob o risco do isolamento e colocam-se diante do desafio não só de criar a própria autonomia de vida, por eles escolhida, mas também de construir responsavelmente uma rede social estável de longa duração.

Em minhas próprias pesquisas empíricas com pessoas do ambiente eclesiástico (sacerdotes, membros de ordens religiosas, candidatos a cargos sacerdotais), os seguintes resultados e reflexões me pareceram os mais significativos:

> – No meio das pessoas a serviço da Igreja, surge muito depressa um grande número de relacionamentos sociais, porque o zelo com as almas e/ou a vida numa comunidade levam automaticamente a uma reunião com outras pessoas. Mas os relacionamentos estreitados pelo entorno só se tornam relevantes para a saúde emocional quando são percebidos como prestimosos e estruturados pessoalmente. Em outras palavras: possuir "irmãos", "irmãs" e "compadres" nas paróquias não significa necessariamente estar inserido e amparado socialmente. Trata-se muito mais da construção de relacionamentos de confiança e de amparo. Isso deve ser aprendido e possibilitado por meio das estruturas. Nos próximos anos, em que serão implantadas muitas novas concepções e reestrutrações, no âm-

bito das modificações estruturais do pessoal nas dioceses e comunidades, surgirá a oportunidade de se considerar os aspectos da construção de relacionamentos sociais promotores de saúde – territorialmente pela ocupação de postos, pela adequação do tamanho das comunidades e, finalmente, também pela edificação de obras. Seria o caso de se criar estruturas anti-isolamento e promover a formação de redes de opção pessoais ou administráveis. Esclarecendo: precisamos de velhos e novos formatos de vida comunitária, na qual o homem ou a mulher assumam voluntariamente obrigações e responsabilidades uns para com os outros.

– No interesse da saúde emocional, devemos cultivar o mais possível relacionamentos *duráveis* (e sobretudo *interativos*). Aquele que consegue isso está em vantagem diante do outro que tem muitos contatos, porém de curta duração (mesmo quando ele os enxerga como fontes de apoio). Isso é especialmente importante no mundo dos solteiros, mas também no de sacerdotes e membros de ordens religiosas diante da *frequente mudança* dos locais de moradia (por exemplo, em função de mudanças profissionais, ou seja, transferências). É preciso tempo e espaço, às vezes até dinheiro ("despesas" para espaços ao ar livre, eventualmente despesas para uma redução do turno de trabalho, despesas com deslocamentos e chamadas telefônicas!), porém, sobretudo, uma *visão modificada das prioridades,* para se manter e administrar importantes relacionamentos com pessoas de confiança. Provavelmente, não há nenhum investimento mais importante que o na construção de relacionamentos sociais.

– Vale a pena qualquer esforço para se construir uma rede na qual, do ponto de vista subjetivo, exista o maior número possível de relacionamentos de apoio e o menor número possível de relacionamentos pesados – com quaisquer métodos ou posturas de que se possa lançar mão para criar isso. Pode ser desvantajoso, no sentido da promoção da saúde, deslocar pessoas, tirando-as do local de trabalho contra sua vontade, por razões de transferência de cargos ou de trabalho, e colocá-las em regiões em que, de acordo com a própria concepção (!), obterão muito pouco apoio humano, ou quase nenhum. Mais grave ainda seria um ambiente de pessoas altamente estressadas. As pesquisas mostraram que, às vezes, basta uma única pessoa que cause conflitos ou provoque o medo para sobrecarregar massivamente a saúde física e psíquica de outra. Às vezes não se consegue evitar essas constelações. Então, em qualquer caso, devem ser criados mecanismos adequados de ajuda, em conjunto com a pessoa em questão, que de uma forma independente a tornem capaz de se comunicar melhor e lidar de forma adequada com os conflitos.

Para qualquer pessoa vale o seguinte: quem busca mais apoio social, também ganha mais. O ganho consiste num "a mais" em termos de conselhos e ajuda quando há problemas, em termos de facilitação no trabalho, cuidados em caso de doença ou, então, até de pessoas que rezem pelos outros. Sobretudo vale o seguinte: Quem a partir de si mesmo busca mais apoio social, consegue lidar melhor com o estresse do que aquele que busca pouco. A busca de apoio não deve iniciar-se apenas quando surgem problemas grandes, mas já quando há pequenas amolações cotidianas. O lema "Ajuda-te a ti mesmo, senão ninguém te ajudará!" não só é falso do ponto de vista teológico (mesmo que muitos ainda o divulguem, na Igreja...), mas também é bastante destrutivo sob o aspecto da saúde. O objetivo do trabalho de formação da identidade não é uma autarquia mal interpretada, mas a capacidade de conquistar o *próprio perfil na vida em comunhão com os outros*, e com isso se enriquecer interativamente. Atualmente, os sacerdotes e membros de ordens religiosas são especialmente desafiados a aprender a ser abertos e confiantes, e com isso perceber que a cooperação e a solicitude não os tornam dependentes, mas enriquecem a vida e sobretudo a facilitam, quando há sobrecargas.

Impulso 9

> Vale a pena apoiar as pessoas no caminho à recuperação ou ao desenvolvimento da saúde física e emocional, de maneira adequada.

A discussão sobre a política de saúde, que vem tornando-se cada vez mais importante nos últimos anos – sobretudo por causa das necessárias modificações no sistema dos serviços de saúde prestados à população –, levou a uma *mudança de postura* das pessoas: a saúde, a felicidade e o êxito da vida tornaram-se valores cada vez mais importantes. Por exemplo, para muitas pessoas a saúde é uma espécie de "bem maior", *uma essência do viver.*

Mesmo quando perguntamos se a frase de Arthur Schopenhauer: "A saúde é tudo, sem a saúde tudo é nada" é realmente adequada e eticamente justificável, uma coisa fica clara: satisfazer a crescente necessidade da pessoa de levar a saúde a sério e de cuidar dela é uma tarefa que devemos nos impor, e talvez até realizar.

Nesse contexto, as pesquisas da psicologia da saúde demonstraram um resultado surpreendente: cada pessoa possui seu próprio "conceito leigo de saúde", formado de alguma maneira, e que possui dois componentes: a consciência da saúde e o trato com a saúde. Ambos os componentes são marcados fortemente pela subjetividade. A consciência da saúde é composta, por exemplo, da posição do valor da saúde e das condições que a influenciam; a percepção do próprio corpo e de seus males; a percepção dos riscos, perigos e pressões; a percepção da disponibilidade de recursos para a saúde no entorno e na própria pessoa. O trato com a própria saúde também possui padrões individuais; o trato com o corpo e suas possibilidades, ou limites; o trato com os riscos e as pressões; a produção e ativação de recursos para a saúde; a modificação positiva do modo de vida.

Podemos partir do princípio de que o significado cognitivo e emocional da consciência da saúde e do trato da saúde de pessoas que se empenham numa busca espiritual e se envolvem com a Igreja, portanto, também nas respectivas profissões pastorais, junto a sacerdotes e membros de ordens religiosas, cresce paralelamente ao desenvolvimento do conjunto da população e, com certeza, continuará crescendo. Até mesmo conselheiros e conselheiras estão adquirindo cada vez mais uma compreensão positiva da saúde: como bem-estar psíquico e físico, como capacidade de ação e desempenho, ou como potencial de energia e alegria de viver. Em outras palavras: conselheiras e conselheiros estão percebendo, mais do que antigamente, os riscos e as pressões à saúde em sua vida e em seu trabalho. Estão dispostos a fazer algo a respeito. E, finalmente, eles também acham que podem fazer isso melhor e com mais empenho. Portanto, o que se entende por saúde corresponde só raramente ainda ao conceito tradicional de saúde da medicina, como simples ausência de doença, e aproxima-se novamente da compreensão integral de saúde da tradição da Igreja, promovida pela espiritualidade. Do ponto de vista da promoção da saúde, esse desenvolvimento deve ser parabenizado. O funcionamento, ou até "o silêncio dos órgãos", não pode mais ser considerado o parâmetro de promoção da saúde em dioceses e comunidades.

Isso exige um *processo radical de mudança de pensamento* nos princípios e nas estruturas de direcionamento – tanto na sociedade quanto na Igreja. Precisamos fazer mais do que simplesmente encarar como suficiente o funcionamento das pessoas no sentido da capacidade de trabalho. Já é muito difícil para alguém que ficou doente no serviço, ou até por causa do serviço, encontrar um substituto temporário ou permanente. É preciso um considerável esforço para se abandonar à ideia de simplesmente ficar transferindo o tempo todo (como antigamente e às vezes ainda hoje) as pessoas com perturbações emocionais ou de personalidade, com problemas de vícios e afins, e começarmos a permitir que sejam tratadas terapeuticamente. O *verdadeiro desafio,* porém, toma a seguinte direção:

Se é correto que os bispos têm responsabilidades sobre seus sacerdotes e conselheiros leigos, e os superiores de ordens religiosas por seus irmãos e irmãs, não só em relação a seu funcionamento, mas também no sentido da criação de espaços de vivência, então eles devem ser convocados a considerar esses seus subordinados em suas totalidades. Por exemplo, os chefes de departamento pessoal de empresas já reconheceram há muito tempo o quanto o conjunto da atmosfera entre os companheiros de trabalho, a estrutura do espaço, os serviços internos e até as medidas de promoção da saúde e muitas outras coisas exercem forte influência no envolvimento, no rendimento, na sensação de pertencimento e na saúde de seus subordinados.

Isso pode ser considerado de forma mais abrangente ainda para o âmbito da Igreja. A qualidade das ações dos dirigentes responsáveis em dioceses e comunidades também se evidenciará na dedicação à promoção integral da saúde, inclusive à promoção da saúde física, psíquica, social e espiritual. Tanto a viabilização do "zelo consigo mesmo" como também a promoção ativa da saúde holística terão uma importância cada vez maior. O empenho intensivo por um êxito abrangente do trabalho, ou da vida em geral, vai certamente a longo prazo valer a pena. Primeiro porque é mais humano. Mas depois, simplesmente, porque o descuido com os problemas e as intervenções terapêuticas são mais "caros" e mais difíceis de resolver para todos (inclusive para os responsáveis) do que se promover ativamente uma vida saudável para as pessoas. Trata-se do desafio de trocar um *comportamento de serviços de reparos* por um de *estratégias positivas de ação*, que certamente tornará mais felizes todos os implicados.

Para sacerdotes e membros de ordens religiosas existe, por exemplo, a infraestrutura do "cuidado consigo mesmo" e do cuidado dos responsáveis por dioceses e comunidades (como por exemplo a Casa de Retiro, em Münsterschwarzach). Diante desse contexto, ela não é, de jeito nenhum, uma espécie de "instituição de reparos" para doentes (como aquelas que, às vezes, ainda são mal-entendidas, anacronicamente, diante do obsoleto paradigma patogenético). Muito pelo contrário: no sentido das ciências da saúde, a Casa de Retiro é uma das instituições pioneiras na mudança a um modelo salutogenético de saúde.

Uma pergunta que é feita frequentemente e que sempre me desafia, na qualidade de psicólogo clínico empírico, é: O que se obtém, na verdade, com uma estada na Casa de Retiro? Ou perguntando, no geral: podemos provar que realmente vale a pena investir tanto na promoção da saúde de sacerdotes e membros de ordens religiosas?

Em conjunto com a equipe terapêutica da Casa de Retiro e seus hóspedes realizei um estudo que provou empiricamente duas coisas:

1. A eficácia terapêutica em relação às características de personalidade relevantes nas doenças.

2. A eficácia, na promoção da saúde, em relação às características de personalidade relevantes na saúde.

O resultado foi o seguinte: tanto os efeitos terapêuticos quanto os efeitos promotores de saúde, produzidos a partir do trabalho na Casa de Retiro, são positivamente significativos e imprescindíveis. Tornou-se claro que:

– O conceito como um todo, de promoção intensiva da saúde holística e do desenvolvimento da vida, é percebido na prática como efetivamente útil na melhoria das condições de vida.

– Por um lado, a melhoria da saúde emocional, da resistência ao estresse, da capacidade geral de trabalho, da disponibilidade ao trabalho, da capacidade de realização, da capacidade de atribuição de significados e de envolvimento com os semelhantes e com as tarefas, da consciência de controle sobre a própria vida e, finalmente, da confiança em geral na vida, é objetivamente significativa para a satisfação que vai instalando-se e para as mudanças de personalidade percebidas como positivas. Por outro lado, também, a eliminação do humor negativo, das posturas de desconfiança, da sensibilidade exagerada em relação aos problemas do dia a dia, da dependência e do medo dos riscos, das queixas de males físicos e das preocupações exageradas com a própria saúde.

Em minha opinião, com base nessa pesquisa, podemos generalizar e afirmar que um investimento desse tipo e de outros semelhantes, na promoção do êxito de nosso projeto de vida, vale todo o esforço. Seria bem mais difícil continuar empurrando os problemas "com a barriga" ou até deixar as perturbações se estabilizarem.

Podemos considerar tranquilizador, e de acordo com as afirmações básicas do evangelho, o fato de a promoção e o desenvolvimento conscientes da personalidade não forçarem a autocentralização, mas até pelo contrário desenvolverem na pessoa capacidades de enxergar além de si mesma e de se dedicar criativamente ao mundo. Até mesmo a orientação social ao próximo é estabilizada – sem o abuso de si mesmo – e dotada de um fundamento.

Devemos sentir-nos agradecidos por resultados como esses e desejar que o maior número de pessoas, não apenas sacerdotes e membros de ordens religiosas, mas também os diversos grupos de conselheiros e conselheiras da Igreja, e além disso da sociedade, possa usufruir de medidas semelhantes. A ampla promoção salutogenética da saúde certamente é mais agradável e efetiva do que a propagação da "redução de custos" no setor da doença.

Nesse contexto, gostaria de recomendar que os locais de cura e os tesouros espirituais da Igreja (conventos, igrejas, datas santificadas, ritos de cura, ofícios divinos, rezas, meditação, dedicação pessoal por meio do aconselhamento, da confissão e muitos outros) sejam ativamente utilizados por nós mesmos e pelos buscadores espirituais.

Já existem tantas coisas que poderiam promover a vida! Elas só precisam ser redescobertas em seu significado de cura, colocadas sob uma luz correta e, naturalmente, praticadas no dia a dia.

Para isso devemos considerar também: períodos maiores de cuidados com a saúde, de cura e de êxito precisam de estabilização por meio de um cuidado com o caráter salutar do espaço de vivência normal do dia a dia. Como explicamos acima, a saúde holística é ao mesmo tempo uma característica do indivíduo e das estruturas sociais. Uma pessoa acha difícil viver saudavelmente ou se tornar sadia quando o ambiente em volta não promove a saúde, ou até se coloca contra ela.

No que se refere ao projeto de pesquisa da Casa de Retiro, podemos concluir: a promoção da saúde não é apenas significativa e necessária, mas até um sinal dos tempos, e extremamente efetiva. Intervenções de promoção da saúde do tipo da Casa de Retiro, ou que trabalham salutogeneticamente, como instituições de trabalho terapêutico, devem ser divulgadas e levadas adiante na promoção diária da saúde no *espaço de vivência cotidiana.* Além disso, os conselheiros e conselheiras precisam de sinais de que suas atividades pela saúde e pelo êxito da vida não só são permitidas, mas também desejadas e valorizadas, e possibilitadas pela disponibilização de espaços para isso.

Impulso 10

> Vale a pena, no interesse da promoção da saúde, da cura e do êxito da vida seguir quatro princípios de ações de promoção da personalidade: clareza de valores e objetivos, mobilização das forças, aprendizado por meio de experiências reais e ajuda ativa para a resolução de problemas.

Quanto mais dificuldades uma pessoa tiver para lidar com sua dinâmica de vida e seus problemas, tanto mais temos o dever de enxergar nossos próprios limites e organizar uma ajuda competente e garantida por meio de pesquisas teóricas e de formação prática em procedimentos dirigidos por regras, para auxiliar essa pessoa a reencontrar sua saúde. Todos nós consideramos óbvio que a psicoterapia seja realizada por especialistas qualificados. Mas como se situa *nossa própria competência* no campo da promoção da saúde, da cura e do êxito da vida?

Nesse caso, certamente também vale o seguinte: quanto mais complexa é a tarefa, tanto mais elevadas são as exigências da competência daqueles que têm a responsabilidade pelos conceitos e pelas estratégias. Aliás, como já vimos, o conhecimento especializado em relação à saúde é de menor relevância do que em relação à doença. Em casos normais, o conhecimento de um leigo qualificado e de uma pessoa cuja competência provém do cargo responsável que ocupa em nossa sociedade, em nossa igreja e em nossas comunidades, deveria ter uma base suficiente para ajudar a promover a busca pela saúde de cada indivíduo e uma cultura comunitária de êxito integral.

Pretendo concretizar isso aqui com mais força, exemplarmente para o espaço interno da Igreja, e repassá-lo depois em detalhes: a tarefa das dioceses e comunidades seria o desenvolvimento de uma concepção de promoção da vida, que defenderia dirigidamente uma consciência holística de saúde e as ações de conselheiras e conselheiros, de sacerdotes e membros de ordens religiosas. Disso fazem parte o respeito diante da autoajuda na questão saúde e o fortalecimento e o estímulo dirigidos à gestão e à modificação da própria situação de vida. Como responsáveis podemos aprender, junto com as conselheiras e conselheiros, a perguntar a nossas comunidades quais seriam as ações positivas que poderiam ser introduzidas e por meio de quais atividades de apoio, de modo individual ou grupal.

Um *esquema de quatro princípios*, surgido a partir de centenas de estudos científicos sobre os fatores de eficácia da psicoterapia, poderia ser muito útil para a avaliação, para o monitoramento e o auxílio para a autoajuda em relação às atividades promotoras de saúde. Em minha opinião, o que deu bons resultados na psicoterapia pode também ser usado na promoção da saúde. Esses quatro princípios respondem à pergunta orientada pela prática: O que posso fazer de concreto pela saúde?

1. Trabalho de esclarecimento, visando objetivos e valores

Trata-se aqui de apoiar todas as atividades que servem para enxergar com mais clareza os significados de nossas vivências e comportamentos em relação aos verdadeiros objetivos e valores, conscientes e inconscientes, de nossa vida, nossa vocação e nosso serviço cotidiano. O objetivo é tornar-se mais claro sobre si mesmo, poder assumir-se melhor, diante do próprio projeto de vida e do próprio mundo de vivências e crenças. Aquele que tem diante dos olhos os principais objetivos e motivações de sua vida pode escolher, sabendo que caminhos percorrer e que alternativas seriam possíveis para ele. A promoção da saúde está ligada ao conhecimento cognitivo-emocional do que é realmente importante para determinada pessoa.

2. Conscientização e mobilização dos potenciais, das capacidades e dos talentos (mobilização dos recursos)

Como já vimos antes, a mobilização dos recursos é quase um sinônimo para a promoção da saúde. Trata-se da percepção dos lados fortes e positivos, entre irmãos e irmãs. Aquele que de certa forma e continuamente vivencia o "ainda não", suas fraquezas ou seus lados problemáticos, portanto, está reduzido a suas deficiências, vai desenvolver-se na direção da doença. Por outro lado, a mobilização e a promoção das forças provocam um efeito direto no bem-estar e no desenvolvimento da saúde e, além disso, uma disponibilidade maior de aceitação de possíveis modificações positivas e caminhos em direção às soluções.

3. Ajuda ativa para a superação de desafios e situações problemáticas

Ajuda ativa para a superação quer dizer que, numa comunidade eclesiástica – tanto pela estrutura geral como também pela oferta pessoal dos responsáveis –, os irmãos e irmãs são ativamente apoiados com medidas adequadas, ou são diretamente orientados a lidar melhor com determinadas situações de vida e a solucionar problemas. Como isso pode ser alcançado da melhor maneira possível, depende da pessoa e da situação. Mas depende, sobretudo, de treinamento, de exercício e de vivência do conhecimento na prática.

4. Mudança de significados vivenciados por meio do "princípio da experiência real"

Aquilo que precisa ser desenvolvido positivamente ou modificado deve ser vivenciado na realidade, no contato com modelos pessoais e nos contextos de vida do dia a dia. É determinante que no dia a dia possa ser realmente vivenciado o porquê das coisas. O momento fundamental desse princípio de postura de ajuda consiste em que o irmão ou a irmã veja, perceba, sinta, pressinta como funciona a situação modelar, a situação no exercício, em um período de sabat, durante uma prática ou sob a orientação de um especialista, na supervisão ou no acompanhamento da prática. O que é realmente bom e faz bem precisa ser aprendido e experimentado. Isso significa que uma diocese ou uma comunidade deveriam colocar à disposição espaços flexíveis de desafios, de relaxamento, de orientação à prática e assim por diante. Mas também que existam especialistas e responsáveis dispostos a se envolver na aventura de participar, experimentar e implementar, no contato concreto com pessoas buscadoras, a direção da saúde.

Epílogo: vulnerável, mas invencível

Quem tiver a possibilidade de conhecer pessoas que, diante de muitos desafios e dificuldades, conseguem de algum modo administrar suas vidas com bravura, involuntariamente se vê diante da pergunta: como é que elas conseguem isso?

O que afinal nos fascina é que o segredo da cura e do êxito não é o da doença. Disso estou convencido. E por isso vale a pena mobilizar as energias da razão e da ação. Pois se trata de enriquecer a vida de todas as pessoas.

Há alguns anos surgiu um imponente estudo sobre o currículo de crianças; a maioria apresentou um grande número de fatores de risco e sobrecargas. Os cientistas ficaram espantados quando, contrariamente a todas as expectativas, descobriram que, apesar disso, muitas das crianças tornaram-se pessoas adultas normais e competentes. Essas crianças foram chamadas de "indestrutíveis", o que deu ao estudo o título de "Vulnerable but Invencible" (vulnerável, mas invencível). Esse estudo tornou-se o estopim da busca por uma resposta à pergunta salutogenética: O que torna as pessoas *saudáveis*? O que as torna sadias?

Vulnerável, mas invencível!

Estou convencido de que essa verdade – não em função de minha prática, mas da graça de Deus – também vale para a vida de todas as pessoas, inclusive de conselheiros e conselheiras, sacerdotes e membros de ordens religiosas: como seres humanos, como cristãos e como vocações futuras. Não precisamos ser perfeitos. Ser humano quer dizer: temos a *permissão à fragmentação*. Ser humano quer dizer: *podemos desenvolver-nos em direção à vida e à cura.* Mas se isso for correto, também vale dizer: devemos investir todas as nossas forças para enriquecer a vida das pessoas. Nada é factível, mas podemos espantar-nos ao ver tudo o que é possível.

Vulnerável, mas invencível!

Essas palavras me lembram Paulo, que em relação à vida formulou a fé e a mensagem da cura: "Carregamos esse *tesouro em recipientes frágeis*; assim, torna-se claro que a força vem de Deus e não de nós... aonde quer que cheguemos, carregaremos sempre o sofrimento mortal de Jesus em nossos corpos, para que a vida de Jesus também se torne visível em nosso corpo" (2Cor 4,7.10).[3]

A meu ver, a perspectiva salutogenética pode fazer muita coisa com essa verdade: na vida há uma força que quer se realizar. Ela sempre encontra limites, mas não se deixa abater. Só podemos nos admirar.

Na vida das pessoas existe uma força saudável, de cura, que humanamente permanece um mistério. Mas ela pode ser explicada a partir de Deus, da plenitude da vida.

Notas

A espiritualidade é como uma árvore... pp. 11-32

[1] JUNG, Carl Gustav. "Über die Beziehung der Psychotherapie zur Seelsorge" (1932), em *Ges. Werke*, vol. VI, *Zur Psychologie westlicher und östlicher Religion*, Olten 1988, pp. 353-376.

[2] Cf. GILMARTIN, Richard J. *Persuing Wellness. Finding Spirituality*, Mystic 1996, p. 6ss.

[3] GRÜN, Anselm e MÜLLER, Wunibald (edit.). *Intimität und zölibatäres Leben*, Würzburg 1995, p. 21.

[4] JUNG, Carl Gustav. *Ein grosser Psychologe im Gespräch*, Freiburg 1994, p. 58.

[5] WILKINSON, G. *Beten durch die Schallmauer*, KJG Verlag, Düsseldorf 1986, p. 40.

[6] RATZINGER, Joseph. *Theologische Prinzipienlehre*, München 1982, p. 79ss.

[7] WELWOOD, John. *Toward a Psychology of Awakening*, Boston 2002, p. 213.

[8] *Idem*, p. 212.

[9] RATZINGER, Joseph. *Op. cit.*, p. 79ss.

[10] JACOBI, Jolande. *Der* Weg zur Individuation, Zürich 1965, p. 26.

[11] JUNG, Carl Gustav. *Der Mensch und seine Symbole*, Olten 1993, p. 7.

A ferida que me fragmenta – a ferida como chance pp. 35-51

[1] Bradshaw, John. *Das Kind in uns*, München 1992, p. 66.
[2] *Idem.*

Salutogênese: o programa para uma vida saudável pp. 55-107

[1] Uma apresentação detalhada e cientificamente precisa do modelo teológico e psicológico salutogenético, como paradigma da psicologia pastoral, pode ser encontrada em: Jacobs, C. *Salutogênese*. Um estudo pastoral-psicológico sobre a saúde emocional, os recursos e como os agentes de pastoral podem enfrentar a sobrecarga. Würzburg 2000. Ali se encontram também as referências bibliográficas que constituíram a base do presente artigo.

[2] Na revisão do presente artigo, tornou-se claro para mim que minha posição desde a primeira publicação, no sentido da integração teológica e prática da salutogênese, desenvolveu-se e melhorou mais uma vez, nitidamente. Para os leitores teológica e cientificamente interessados, indico: Jacobs, C. (2000) e página na internet: www.cjacobs.de.

[3] Cf. Jacobs, C. “Mit der ganzen Person. Leid als Herausforderung an Seelsorgerinnen und Seelsorger”, *Theologisch-Praktische Quartalschrift* 3 (2002), pp. 239-251.